天下文化
BELIEVE IN READING

第四次
工業革命

THE FOURTH
INDUSTRIAL
REVOLUTION

世界經濟論壇創始人兼執行主席

克勞斯·施瓦布 Klaus Schwab 著

世界經濟論壇北京代表處 譯

Contents 目錄

第四章　**未來之路**

第五章　**展望 2025：深度變革**

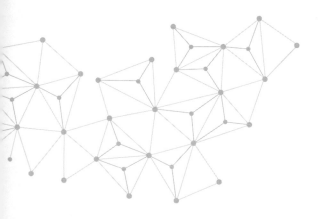

理性面對「科幻」成真的世界

馬克・貝尼奧夫（Marc R. Benioff），
Salesforce 董事長暨執行長、世界經濟論壇理事

　　生活在科技出現重大變化的時代，實在令人振奮。研究機構、新創公司與大型組織，屢屢推出科學與科技的突破性進展，速度之快與幅度之大，總令我大感驚奇。由於產品與服務不斷推陳出新，過去人們認為只屬於「科幻」的事情，如今已紛紛實現，在我們生活中扮演不可或缺的角色。

　　然而，科技急遽發展不僅賦予我們新的能力，還改變我們的生活、工作與人際關係。施瓦布適時推出這本著作，對這現象提出精闢的見解。他指出，數位科技匯流加上材料科學、生物學的突破，會促成嶄新的生活方式浮現。科技對人類的意義，將出現明顯與幽微的變化。

　　施瓦布是世界經濟論壇的創辦人與執行主席，這個

機構每年在瑞士舉辦國際知名的達沃斯會議。施瓦布的獨特身分，讓他接觸到全球頂尖的經濟與科技專家、大企業領導者、政府與公民社會代表，並綜合各方經驗與看法，對未來的挑戰提出最全方位的觀點。

他指出，過去三次工業革命皆引起重大的變遷與機會。然而，今天的轉型卻更是獨特，因為新觀念與科技在全球傳播的速度非常快。各產業的每家公司勢必得檢討過去業務經營的做法，才能趕上科技與消費者期待的快速變化。

未來數十年，科技促成的第四次工業革命，將大幅改變世界經濟、社群與人類身分的整體結構。如此深刻的變化，會凸顯出人類文明的重責大任。身為公民、政府官員與企業領導者的我們必須善加選擇，做出貢獻，打造新的系統。在這過程中務必審慎衡量優點與風險，秉持共同價值與清晰目標，讓新系統能嘉惠世上的每一個人。建立系統時必須格外謹慎，以降低風險，改善人類處境，尤其在人工智慧、基因工程等可能超出我們掌控範圍的科技領域更是如此。

《第四次工業革命》是重要的著作，幫助讀者了解形塑這個世界的重要趨勢。當今發生的變化會改變歷史，本書提出如何思考與分析這些變化，期待我們能共同創

造出人人有權、共生共榮、以人為本的未來。相信讀者能從這本精采的著作得到珍貴的洞見，迎向未來。

The fourth
industrial revolution

前　言

當今時代，我們面臨著紛繁複雜的挑戰，其中最嚴峻、最重大的挑戰莫過於如何理解並塑造這次新技術革命，而這並不亞於人類的一次變革。這次革命剛剛開始，正在徹底顛覆我們的生活、工作和互相關聯的方式。無論是規模、廣度，還是複雜程度，第四次工業革命都與人類過去經歷的變革截然不同。

　　我們尚未完全了解這次新技術革命的速度和廣度。僅以移動設備為例，如今，移動設備將地球上幾十億人口連接在一起，具有史無前例的處理和儲存能力，並為人們提供獲取知識的途徑，由此創造了無限的可能性。另外，各種新興突破性技術出人意料地集中出現，涵蓋了諸如人工智慧、機器人、物聯網、無人駕駛交通工具、3D 列印、奈米技術、生物技術、材料科學、能源儲存、量子計算等諸多領域。儘管其中很多創新成果還處於初期階段，但是在物理、數位和生物技術相結合的推動下，它們在發展過程中相互促進，並不斷融合，現在已經發展到了一個轉捩點。各行各業都在發生重大轉變，主要表現為：新的商業模式出現，現有商業模式被顛覆[1]，生產、消費、運輸與交付體系被重塑。社會層面最典型的轉變則是，我們的工作與溝通方式，以及自我表達、獲取資訊和娛樂的方式正在發生改變。同樣地，

政府、各類組織機構以及教育、醫療和交通體系正在被重塑。如果我們用創新的方式利用技術，改變人們的行為、生產、消費體系，我們就有望為環境的再生和保護提供支持，避免因外部效應產生隱性成本。無論從規模、速度，還是廣度來看，這次技術革命帶來的變化都具有歷史性的意義。

新興技術的發展和運用還存在巨大的不確定性，這意味著我們尚不清楚這次工業革命將如何推動各行業的變革，但變革的複雜性和各行業的互聯性顯示，國際社會所有利益相關者，包括政界、商界、學術界和公民社會在內，都有責任共同努力，加深對新興趨勢的理解。

如果要塑造一個反映我們共同目標和價值觀的美好未來，共識可說至關重要。我們必須對下面這一問題形成全面性的了解，並達成全球共識：技術正在如何改變當代人以及子孫後代的生活？技術正在如何重塑人類賴以生存的經濟、社會、文化和環境？

這些改變是如此深刻，以至於人類在發展史上從未迎來如此美好的前景，也從未面臨如此嚴峻的風險。然而我擔心的是，決策者往往囿於傳統的（非顛覆性）線性思維，或者過於關注眼前的危機，而難以對影響未來的各種顛覆和創新力量進行戰略性思考。

我知道，一些學者和專業人士認為我所討論的這些進步只是第三次工業革命的延續。但在我看來，我們正在經歷一場具有自身特性的第四次革命，主要有以下三大原因：

速度：和前幾次工業革命不同，這次革命呈現出指數級而非線性的發展速度，因為我們目前生活在一個高度互聯、包羅萬象的世界，而且新技術也在不斷催生更新、更強大的技術。

廣度與深度：第四次工業革命建立在數位革命的基礎之上，結合了各種各樣的技術，這些技術正給我們的經濟、商業、社會和個人帶來前所未有的改變。它不僅改變我們所做的事情和做事的方式，甚至在改變人類自身。

系統性影響：它包含國家、公司、產業之間（和內部）以及整個社會所有體系的變革。

我寫這本書的目的是提供一本關於第四次工業革命的「入門讀物」。本書介紹了此次工業革命的本質、後果和影響，以及我們應採取什麼措施，利用本次工業革命為共同利益服務。這本書適用於所有對未來新事物有興

趣，並致力於利用這次顛覆性變革的機會、塑造一個更美好世界的人。

《第四次工業革命》這本書有以下三個主要目標：

- 幫助人們更認識技術革命的面貌、速度及其全方位影響。
- 構建技術革命的思維框架，列出核心問題與可能的應對措施。
- 提供一個平台，激勵公共部門與民營部門就技術革命問題開展相關合作。

總之，本書旨在強調技術與社會和諧共處的方式。技術並非是我們無法控制的一個外在因素。我們不必囿於「要不接受，要不拒絕」這樣非此即彼的二元選擇。相反地，我們要把握這次劇烈的技術變革機會，反思我們的本質與世界觀。當我們愈深入思考如何利用這場技術革命，就愈能審視自身以及這些技術所催生的潛在社會模式，我們也就更有機會推動革命的發展，從而改善世界狀況。

推動第四次工業革命的發展，使其賦權於民，以人為本，而不是去人性化，造成社會分裂，這絕非是某一

個利益相關群體或產業靠一己之力就能完成的工作，也不是某一個國家或地區單槍匹馬就能完成的任務。這次工業革命的本質和其全球性，意味著它會對所有國家、經濟體、產業和公眾產生影響，同時也會受到他們的影響。因此，我們必須跨越學術、社會、政治、國家和產業的界限，投入大量精力，開展多方合作。要達成這樣的互動與合作，國際社會必須對第四次工業革命形成正能量以及具備共同認識，這樣才能讓所有個體、群體和地區都能參與當前的轉型，並從中受益。

本書包含的許多資訊和我的分析都是基於世界經濟論壇持續開展的專案與倡議，並且在論壇近期的活動中得以完善、探討和質疑。因此，本書也為世界經濟論壇提供了一個未來行動的框架。我也從與各行各業人士的對話中獲得了靈感，他們有的是商界、政界和公民社會領袖，有的是技術先鋒與年輕人。從這個意義上來說，這本書是一本源於群體智慧的書，是世界經濟論壇眾多社群共同的智慧結晶。

本書前半部分成三章：第一章概括介紹了第四次工業革命的整體情況；第二章介紹了一些具有變革能力的主要技術；第三章深入分析了第四次工業革命的影響及其帶來的政策挑戰。在本書後半部分（第四、第五章），

我針對如何更有效地適應、塑造,並掌控第四次工業革命,提出了一些具有實際意義的建議與解決方案。

第四次工業革命來了！

從工業 4.0 到第四次工業革命

「革命」一詞指的是突然出現的劇變。革命總是這樣發生在人類歷史中：每每出現新技術、看待世界的新視角，人類的經濟體制和社會結構便會發生深刻變革。如果以歷史的長河做為參照，這些突然發生的變革可能要持續很多年才能全面展開。

人類生活方式的首次深度轉變大約發生在 10000 年前。當時，通過馴養動物，我們從採集時代過渡到了農耕時代。這次農業革命使畜力和人力得到了結合，推動了生產、運輸和交通的發展。此後，糧食產量逐步增加，有效促進了人口增長和人類聚居地面積的擴大，並由此催生了城市化和城市的崛起。

繼農業革命之後，到了 18 世紀下半葉，一系列工業革命相繼而來。這些革命標誌著肌肉力量逐漸被機械力量取代，發展到今天的第四次工業革命時代，認知能力的提高正在促進人類生產力的進一步提升。

第一次工業革命大約從 1760 年延續至 1840 年。由鐵路建設和蒸汽機的發明觸發的這次革命，引領人類進入機械生產的時代。第二次工業革命始於 19 世紀末，延續至 20 世紀初，隨著電力和生產線的出現，規模化生產

應運而生。第三次工業革命始於 20 世紀 60 年代。這一次革命通常被稱為電腦革命、數位革命，因為催生這場革命的是半導體技術、大型電腦（60 年代）、個人電腦（7、80 年代）和網路（90 年代）的發展。基於前三次工業革命的各種定義和學術觀點，我有理由認為，我們當前正處在第四次工業革命的開端。第四次工業革命始於這個世紀之交，是在數位革命的基礎上發展起來的，其特點是：同過去相比，網路變得無所不在，移動性大幅提高；感測器體積變得更小、性能更強大、成本也更低；與此同時，人工智慧和機器學習也開始嶄露鋒芒。

以電腦軟硬體和網路為核心的數位技術早已不是什麼新鮮事物，但與第三次工業革命不同的是，數位技術正變得更為精深，一體化程度更高，也正在引起各國社會和全球經濟發生變革。麻省理工學院（MIT）的艾瑞克·布林優夫森（Erik Brynjolfsson）和安德魯·麥克費（Andrew McAfee）兩位教授在 2014 年合著的同名著作 **❶** 中，將本階段稱為「第二次機器時代」[2]。書中指出，當今世界正處在一個轉捩點上，通過發展自動化和生產

編注**❶**《第二次機器時代》一書中文版已由遠見天下文化出版社於 2014 年 7 月出版。

「前所未有的事物」，這些數位技術的影響力將得到全面發揮。

在德國，關於工業 4.0 的探討方興未艾。這一概念最早是在 2011 年的漢諾威工業展上提出的，它描繪了全球價值鏈將發生怎樣的變革。第四次工業革命通過推動「智慧工廠」的發展，在全球實現虛擬和實體生產體系的靈活協作。這有助於實現產品生產的徹底客製化，並催生新的營運模式。

然而，第四次工業革命絕不僅限於智慧互聯的機器和系統，其內涵更為廣泛。當前，從基因定序到奈米技術，從可再生能源到量子計算，各領域的技術突破風起雲湧。這些技術之間的融合，以及它們橫跨物理、數位和生物幾大領域的互動，決定了第四次工業革命與前幾次革命有著本質上的不同。

在這場革命當中，新興技術和各領域創新成果傳播的速度和廣度要遠遠超過前幾次革命。事實上，在世界上部分地區，以前的工業革命還在進行中。全球仍有 13 億人無法獲得電力供應，也就是說，仍有 17% 的人尚未完整體驗第二次工業革命。第三次工業革命也是如此。全球一半以上的人口，也就是 40 億人，仍無法連接網路，其中大部分的人都生活在發展中國家。紡錘是第一

次工業革命的標誌，它走出歐洲、走向世界花了120年。相比之下，網路僅用了不到10年的時間，便傳到了世界各個角落。

第一次工業革命的經驗同樣適用於今天的革命。社會在多大程度上接受技術創新，是決定技術進步的主要因素。政府、公共機構以及私營部門都要發揮自身作用，對技術創新持包容態度，不過同樣重要的是，一般公眾也要看到長遠的效益。我認為，第四次工業革命所蘊含的能量、影響力和歷史意義絲毫不亞於前三次革命。不過我個人也擔心，一些因素或將阻礙第四次工業革命的潛力得到有效而全面的釋放。這種擔心主要基於以下兩點考慮。

第一，在第四次工業革命到來之際，我們需要反思我們的經濟、社會和政治體制，但我認為，目前各方面的領導力水準還不夠，對正在發生變化的認識也仍不足。不管在國家層面，還是國際層面，用於管理創新成果的傳播、減緩顛覆性影響力所必須建立的制度性框架遠遠不足，甚至可以說是完全缺乏。

第二，國際社會尚未就第四次工業革命的機遇和挑戰形成積極、一致的共同認識。如果我們想為形形色色的個人和群體賦權，避免公眾抵觸當前正在發生的深刻

變革，這樣的共同認識必不可少。

一場深刻的系統性變革

「技術和數位化將會改變一切」這一觀點是本書的寫作前提。「這次不同了」是一個被濫用，甚至經常錯用的金句，但對於本書，這句話卻是非常恰當。簡單來說，各項重大技術創新即將在全球掀起波瀾壯闊、勢不可當的巨變。

正因為這場變革規模極大、範圍極廣，所以目前的顛覆和創新才會顯得如此激烈。如今，創新的發展速度和傳播速度比以往任何時候都快。Airbnb（空中食宿）、Uber 和阿里巴巴等顛覆者，幾年前還籍籍無名，但如今早已家喻戶曉。問世於 2007 年的蘋果手機，如今在街頭巷尾隨處可見。截至 2015 年年底，全球智慧型手機總量更是多達 20 億支。2010 年，Google 宣布研製出首輛無人駕駛汽車。相信用不了多久，我們就會看到許多無人駕駛汽車行駛在公路上。

這樣的事例不勝枚舉。速度只是第四次工業革命的一個方面，規模收益也同樣驚人。數位化意味著自動化，自動化反過來意味著企業的規模收益不會遞減（至

少遞減的部分會少一些）。為幫助讀者從總體上理解這個道理，我們拿 1990 年的底特律（當時主要的傳統產業中心）與 2014 年的矽谷做一個比較。1990 年，底特律最大的三家企業的總市值、總收入和員工總數分別為 360 億美元、2500 億美元和 120 萬人。相比之下，2014 年，矽谷最大的三家企業的總市值高達 1.09 兆美元，其 2470 億美元的總收入與前者不分伯仲，但它們的員工數量僅約為前者的十分之一，只有 13.7 萬人。[3]

與 10 年前或 15 年前相比，今天創造單位財富所需的員工數量要少得多，這是因為數位企業的邊際成本幾近為零。此外，在數位時代，對於許多供應「資訊商品」的新型公司而言，其產品的儲存、運輸和複製成本也幾乎是零。一些顛覆性的技術企業似乎不需要多少資本，就能實現自身發展。比如，Instagram[2] 和 Whatsapp[3] 等公司並不需要太多啟動資金，借助第四次工業革命的力量，這些企業不僅改變了資本的作用，還提升了自身業務規模。這一點充分表明，規模收益有助於進一步擴大

編注❷ Instagram 是一款移動應用，以一種快速、美妙和有趣的方式將用戶隨時抓拍下的圖片分享彼此。

編注❸ Whatsapp 是 款用於手機之間通訊的應用程式。

企業規模，並影響整個系統的改革。

　　除速度和廣度之外，第四次工業革命的另外一個特點是，不同學科和發現成果之間的協同與整合變得更為普遍。不同技術相伴相生，催生出許多以前只能在科幻小說中才能看到的有形創新成果。比如，數位製造技術已經可以和生物學相互作用。一些設計師和建築師正在將電腦設計、增材製造、材料工程學及合成生物學結合在一起，創造出新的系統，實現微生物、人體、消費產品乃至住宅之間的互動。通過這種方式，他們製造出（甚至可以說是「培植出」）的物體具有持續自我改變和調整的能力（這是動植物的典型特徵）。[4]

　　在《第二次機器時代》一書中，艾瑞克・布林優夫森和安德魯・麥克費指出，以當今電腦的聰明程度，我們根本無法預知幾年後它們會有怎樣的應用。從無人駕駛汽車和無人機，到虛擬助手和翻譯軟體，人工智慧（AI）隨處可見，並改變著我們的生活。人工智慧之所以取得巨大進步，既得益於計算能力的指數級增長，也得益於我們現在可以獲得大量的數據。不論是利用軟體發現新藥，還是利用演算法來預測人的文化喜好，都離不開大量的數據。我們在數位世界裡留下的都是像「麵包屑」一樣的數據，許多演算法是有能力學習這些數據

的，所以才有了新型的「機器學習」和自動發現技術。
這些技術可以讓「智慧」的機器人和電腦實現自我程式
設計，從基本原理中找到最佳解決方案。所謂的智慧助
手是快速發展的人工智慧領域的一個分支，蘋果公司的
siri 語音服務等應用讓我們感受到了這個技術的威力。要
知道，個人智慧助手出現的時間不過才兩年而已。今
天，語音辨識和人工智慧的發展突飛猛進，人機交談將
很快成為常態，技術專家所說的「環境計算」（Ambient
Computing）也將成為現實。利用環境計算技術，機器人
個人助手可以隨時記筆記並回答用戶提問。未來，我們
的設備將對個人生活產生更大影響，這些設備會聆聽我
們的想法、判斷我們的需求，並在必要時主動為我們提
供幫助。

不平等將成為系統性挑戰

第四次工業革命在帶來巨大好處的同時，也會帶來
巨大挑戰，其中不平等現象的加劇尤其令人擔憂。不平
等現象加劇所帶來的挑戰很難量化，因為我們絕大部分
的人既是消費者，又是生產者，所以創新與顛覆對我們
生活水準和福祉的影響既有正面的，也有負面的。

最大的受益者似乎還是消費者。第四次工業革命產

生了一批新產品、新服務，這些產品和服務可以在不產生任何額外成本的情況下，提高消費者的個人生活效率。如今，預約計程車、查航班、買產品、付費、聽音樂、看電影，所有這些事務都可以遠端完成。技術為消費者帶來的好處有目共睹。網路、智慧型手機和成千上萬的應用軟體讓我們生活得更為輕鬆，也提高了我們的總體工作效率。我們用來閱讀、流覽、通訊的一台小小的平板電腦，其運算能力相當於 30 年前 5000 台桌上型電腦的運算能力總和，且其儲存資訊的成本逐步趨近於零（20 年前，儲存 1GB 資料的年費高達 10000 多美元，如今平均僅需不到 0.03 美元）。

第四次工業革命帶來的挑戰顯然主要落在了供應方身上，即勞動和生產領域。過去幾年間，在絕大部分最發達的國家以及中國等快速發展經濟體中，勞動力對 GDP（國內生產毛額）的貢獻比重均有大幅下滑。這當中有一半是因為創新驅使企業用資本取代勞動力，導致生產設備相對價格出現下滑。[5] 因此，第四次工業革命的最大受益者是智力和實物資本提供者，也就是創新者、投資人、股東，這正是薪水階層與資本擁有者貧富差距日益懸殊的原因。這一現象也導致很多工人對未來失去希望，認為其實際收入這輩子不會有起色，而他們子女

未來的生活也不會比他們這代人更好。

　　不平等現象加劇以及人們對不公正的日益擔憂是當前的一大挑戰。對此，我將在第三章中專門留一定篇幅探討這個問題。此外，所謂的平台效應也在加劇利益和價值向少部分人手中集中。平台效應指的是以數位業務為主的組織，通過打造網路平台，匹配多種產品和服務的買家和賣家，從而獲得愈來愈大的規模收益。

　　平台效應導致的結果是，為數不多、但勢力龐大的幾家平台主宰了市場。它的好處是顯而易見的，特別是對消費者而言。通過這些平台，消費者可以獲得更高的價值和更多的便利，同時支付更低的成本。然而，這些平台的社會風險也是顯而易見的。如果要避免價值和權力落到少數人手中，我們就必須設法平衡數位平台（包括產業平台）的效益與風險，確保其開放性，並為協作式創新提供機會。

　　這些影響我們經濟、社會和政治體制的根本性變革一旦發生，便很難消除，哪怕我們在一定程度上逆轉全球化進程，也很難消除其影響。對於所有產業和企業而言，問題不再是「我是否會被他人顛覆」，而是「顛覆會何時到來，會以什麼形式出現，對我和我所在的組織會產生怎樣的影響」。

顛覆在實實在在地發生，我們無法逃避其影響，但這並不意味我們在顛覆來臨時就毫無招架之力。我們有責任確立一套共同的價值觀，引導政策選擇，並實施變革，讓第四次工業革命成為所有人的機遇。

第二章

驅動革命的動力

哪些技術將成為第四次工業革命的發展動力呢？在這一點上，已有不計其數的機構列出了榜單，對五花八門的技術進行排名。它們所列舉的科學突破和新技術似乎無窮無盡，涵蓋了多個不同領域和地域。我根據世界經濟論壇所做的研究和論壇全球議程理事會的工作成果，選出了一些值得關注的關鍵技術。

大趨勢、大機遇、大挑戰

所有的新進展和新技術都有一個重要特點：它們很善於利用數位化和資訊技術無所不在的力量。本章提及的所有創新成果，無一不是借數位之力得以實現和發展的。例如，倘若沒有計算能力和資料分析的進步，基因定序就不可能成為現實。同理，要是沒有人工智慧，高級機器人就無從談起，而人工智慧本身也高度依賴計算能力。

為明確這些大趨勢，全面反映第四次工業革命背後的技術驅動力，我將這份技術名單歸為三類：物理類、數位類和生物類。這三個門類相輔相成，各項技術均可從彼此的發明和進步中受益。

無人駕駛交通工具、3D 列印、高級機器人和新材料

物理方面的技術大趨勢主要表現在以下四個方面，由於這些技術看得見、摸得著，最容易被人們所了解：

- 無人駕駛交通工具
- 3D 列印
- 高級機器人
- 新材料

無人駕駛交通工具

無人駕駛汽車一直是媒體報導的熱門話題，但現在還開發出很多其他類型的無人駕駛交通工具，包括卡車、無人機、飛行器和船隻。隨著感測器和人工智慧等技術的進步，所有這些無人駕駛設備的性能都迅速提高。不出幾年，成本低、可供商用的無人機和潛水器將廣泛地被使用。

隨著無人機逐步能夠感知、對環境做出回應（變更飛行路線以避免發生碰撞），它們將能勝任電纜檢查和戰地醫療物資運輸等任務。再比如，在農業領域，用戶通過使用無人機，再結合數據分析，便能更加精準、高效

地進行施肥和灌溉。

3D 列印

3D 列印又名增材製造，根據數位 3D 圖像或模型，一層一層地列印出實物。古往今來，人們採用的一直是減材製造的辦法，也就是逐層從一件材料上移除內容，直到得出想要的形狀。3D 列印則是反其道而行，從散碎的物料入手，然後利用數位模板，打造出 3D 形狀的物體。

這一技術已廣泛應用於生產各類產品，大到風電機，小到醫學植入材料。當前，其應用主要限於汽車、航空航太和醫療等行業。與規模化生產的商品不同，3D 列印產品可以很容易地進行量身訂製。當前這個技術還存在體積、成本和生產速度方面的限制，隨著這些問題的逐步攻克，未來 3D 列印的應用範圍將變得更加廣闊，比如用於製作電路板等集成電子元件，甚至是人體細胞和器官。事實上，研究人員已開始研究 4D 列印，這一工藝將創造出可自我調整的新一代產品，能夠適應溫度和濕度等環境因素的改變。這一技術可用於生產服裝、鞋子以及醫療衛生相關產品，包括可適應人體個體差異的植入材料。

高級機器人

長期以來，機器人的應用僅限於汽車等特定行業，從事的也是一些控制十分嚴格的工作任務。然而，從精準農業到護理工作，機器人今天在各行各業的用途不斷增多，承擔的工作種類也日益多樣。機器人技術的快速進步，將使人機協作很快成為司空見慣的事。此外，隨著其他技術的進步，機器人的適應性和靈活性也會得到進一步提高，它們在結構和功能設計上很多是從複雜的生物結構中獲取靈感（仿生學工藝的擴展，就是對自然世界中的模式和手段進行模仿）。

感測器的進步也使得機器人能有更好的解讀能力，並適應環境，參與更多樣的工作，比如家務。過去，機器人必須通過白工單元進行程式設計；如今，機器人可以通過雲端遠距獲得訊息，並接入其他機器人的網路。新一代機器人出現後，很有可能會更加側重人機協作。我將會在第三章討論人機關係或將引發的倫理和心理方面的問題。

新材料

不少新材料很快都將投放市場，這些新材料具有幾

年前人們無法想像的屬性。總的來說，新材料品質更輕、硬度更大，其可回收性以及適應性也更強。例如，現已投入使用的一些智能材料可以自我修復、自我清潔；一些金屬具備記憶，可以恢復到原來的形狀；有些陶瓷和水晶可以將壓力轉化為能源。

　　與第四次工業革命的很多創新一樣，我們很難預知新材料的發展會對我們產生什麼影響。以石墨烯為例，這種先進奈米材料的硬度大約是鋼的 200 倍，厚度卻僅為人類髮絲的百萬分之一，而且還是熱量和電能的優良導體。[6] 石墨烯一旦能在價格上表現出競爭力（以克來計量的石墨烯是地球上最昂貴的材料之一，微米大小的一片石墨烯的價格就超過 1000 美元），便能對製造業和基礎設施行業形成巨大的衝擊。[7] 此外，石墨烯還可能對一些高度依賴某些特定商品的國家產生深遠影響。

　　還有些新材料有望在緩解人類所面臨的全球性危機中發揮重要作用。例如，對於一些過去普遍認為無法回收、卻又廣泛用於生產手機、電路板乃至航空零件的材料而言，熱固性樹脂的創新有望實現這些材料的回收利用。最近，科學家發現了一種名為聚六氫三嗪（PHTs）的新型可回收熱固性聚合物，這一發現為發展循環經濟做出了重大貢獻。循環經濟以資源再生利用為出發點，

有助於打破發展對資源的高度依賴。[8]

物聯網

物聯網有時也稱萬物聯網，是第四次工業革命中聯結物理應用與數位應用的重要橋梁和紐帶。簡單來說，物聯網是借助互聯技術和各類平台，在物（包括產品、服務與地點等）與人之間建立起來的一種關係。

感測器以及其他可將物理世界中的物品與虛擬網路接連起來的各種方式，正在以驚人的速度傳播開來。我們的房子、服飾、城市、交通、能源網絡以及生產製造過程都可以安裝上體積更小、成本更低、更為智慧的感測器。如今，全球接入網路的設備數量多達數十億，如智慧型手機、平板電腦和傳統電腦等。未來幾年，這一數字有望大幅增加，預計將從數十億躍升至上兆。這將有利於我們通過精細化的方式，對資產和活動進行監督和優化，從而徹底改變供應鏈管理方式。這一過程還會給各行各業帶來革命性影響，不管是製造業、基礎設施產業，還是醫療衛生，所有行業概莫能外。

以在物聯網中廣泛應用的遠端監控為例。如今，所有包裹、棧板、集裝箱都可以安裝感測器，也就是信號發射器或射頻辨識標籤，有了它們，企業便可以對物品

在供應鏈中的移動情況進行追蹤，包括追蹤其實際性能和使用情況等資訊。同理，顧客也可以對待收包裹和文件進行持續（幾乎是即時的）追蹤。對於經營複雜長線供應鏈的企業而言，這無疑具有變革性的意義。在不遠的將來，類似的監控系統還將應用於追蹤人員的移動。

數位革命正在徹底改變個人與機構之間的互動與協作方式。比如，常被稱做「分布式分類帳」的區塊鏈就是一種十分安全的交易協定。在區塊鏈中，任何交易在獲得紀錄與批准之前，都必須先由一組電腦進行集體核查。區塊鏈採用的技術無須尋找保管人或中央分類帳等中立部門做為仲介，通過促成互不認識（沒有信任基礎）的人進行協作，從而建立信用。從本質而言，區塊鏈是一種可共用、可程式設計、安全、可信的分類帳，任何單一用戶都無法控制它，但是所有人都能監督它。

區塊鏈技術最為知名的應用當屬比特幣，但這一技術很快將衍生出無數其他應用。區塊鏈技術現在可記錄比特幣等數位貨幣的財務交易，未來將能為各類事物提供登記服務，包括出生證明、死亡證明、所有權證明、結婚證明、學歷證明、保險權益證明、醫療程式和投票等。從本質上來說，凡是可以用代碼表達的交易都可以用區塊鏈技術進行登記。一些國家和機構已經在調查研

究區塊鏈的應用潛力。比如，洪都拉斯政府正利用這項技術對土地使用權進行管理，曼島正在測試該技術在公司登記註冊方面的應用。

在更廣泛的範圍內，憑藉技術支援，各類平台也使得如今所說的共享經濟成為可能。在智慧型手機上就可以輕鬆使用這些平台，將人員、資產和資料彙集在一起，創造出全新的商品和服務消費方式。它們降低了企業和個人創造財富的門檻，也改變了個人環境和職業環境。

Uber 的模式正反映了這類技術平台擁有強大的顛覆力。這些平台類企業正在快速成倍地增長，提供洗衣、購物、家務、停車、居宿、長途共乘等各種服務。它們有一個共同點：用十分便捷（低成本）的方式對供需進行配對，向消費者提供多樣化的產品，允許雙方互動並給出回饋，這些平台通過這些方式建立信任。這讓原本利用率不高的資產（資產持有人先前從未想過自己可以對外供應的那些資產，如私家車上的空座、家中空閒的臥室、零售商與製造商之間的商業聯繫，以及可以提供送貨、家居維修和行政事務等服務的時間或技能）得到有效利用。

共享經濟給我們提出了一個根本性問題：究竟什麼

是值得擁有的？是平台？還是平台背後的資產？2015 年
3 月，傳媒戰略家湯姆·古德溫（Tom Goodwin）在
TechCrunch 網站上發表的一篇文章中寫道：「全球最大
的計程車公司 Uber 沒有一輛車，最受歡迎的社交媒體公
司 Facebook 不製做任何內容，最有價值的零售商阿里巴
巴沒有任何存貨，最大的住宿提供商 Airbnb 名下沒有任
何房產。」[9]

在個人或組織共用資產或提供服務的過程中，數位
平台極大地減少了交易成本和摩擦成本。現在，每筆交
易都可以分為非常細小的份額，各方均可以從中獲得經
濟收益。此外，使用數位平台時，每件額外產品（商品
或服務）的邊際成本均趨近於零。這對企業和社會有著
巨大的意義，我將在第三章進一步探討這個問題。

生物基因工程

生物領域尤其是基因方面的創新同樣令人歎為觀
止。近年來，從一開始的降低基因定序成本和難度到最
近的基因啟動與基因編輯，都取得了巨大的進步。過
去，「人類基因組項目」花了 10 年以上的時間才完成，
耗資高達 27 億美元。今天，一個基因組的排序僅需數小
時便可完成，花費不超過 1000 美元。[10] 隨著計算能力的

提高，科學家們再也不需要反覆試錯，他們可以直接測試特定的基因變異會引起哪些症狀和疾病。

下一步是合成生物學的發展。通過編寫 DNA（去氧核醣核酸），合成生物學將賦予我們訂製有機體的能力。若先不考慮這一做法可能引發的深刻倫理問題，這些技術進步不論是對於醫藥、農業，還是生物燃料的生產，都將產生深遠而直接的影響。

包括心臟病和癌症在內的許多醫學難題都有基因的因素，因此，如果我們能以高效、低成本的方式確定一個人的基因構成（將測序設備用到常規診斷之中），就會徹底改變個性化醫療和治療效果。醫生如能掌握某個腫瘤的基因構成，就能制定科學的癌症治療對策。

儘管我們對基因標記與疾病之間的聯繫仍然知之甚少，但不斷增加的數據將使精準治療成為可能，有助於開發具有較強針對性的治療方案，改善治療效果。IBM 的「華生」（Watson）超級電腦系統能在短短幾分鐘之內，將癌症患者的病史與治療史、掃描結果和基因資料與全球幾乎所有的最新醫學知識進行比對，進而提出個性化的治療建議。[11]

事實上，基因編輯技術可應用於一切類型的細胞，可幫助人們創造出基因改造動植物，改良成年有機體

（包括人類）的細胞。不同於 20 世紀 80 年代的基因工程，基因編輯技術比過去的做法更精確、更高效，也更容易應用。實際上，這門科學發展非常快，限制其應用的並非是技術，而是法律、監管和倫理方面的阻力。這項技術可以用於改良動物基因，以降低飼養成本或更能適應當地條件，還可以培育出能耐受極端溫度或乾旱的糧食作物，基因編輯技術的應用潛力可謂無窮無盡。

隨著基因工程研究的深入（如基因編輯與治療領域 CRISPR/Cas9❹ 方法的開發），基因有效遞送和特異性方面的制約因素將會得到克服，屆時我們將面臨一個最直接、最具挑戰性的問題，而這個問題尤其具有倫理上的意義：基因編輯將給醫學研究和治療帶來什麼樣的變革？理論上，人可以對動植物進行基因改造，將其用於生產藥物或提供其他形式的治療方法。對乳牛進行基因改造，使得牛奶中含有血友病患者缺乏的凝血因子，這個目標離我們並不遙遠。研究人員已經開始對豬的基因組進行改造，以培育適合人體移植的器官（此方法被稱為異種移植，之前由於存在人體免疫排斥和人畜疾病傳播

編注❹ CRISPR/Cas9 是細菌和古細菌在長期演化過程中形成的一種適應性免疫防禦，可用來對抗入侵的病毒及外源 DNA。

的風險，人們難以想像這種方法）。

　　如上文所述，不同技術之間會相互融合、相互促進。未來，3D 製造將會與基因編輯技術相結合，用於製造活體組織，以實現組織的修復和再生。我們將這一工藝稱為生物列印，這項技術已經用於製作皮膚、骨骼、心臟和心血管組織，列印出來的肝細胞層也將渴望用於製做移植器官。

　　我們正在開發將設備植入人體的新方法，用以監測人體的活動水準和血液化學值，了解這些因素與我們的身體健康、精神健康以及工作效率之間存在何種關聯。此外，我們對人腦功能的認知也有了極大的提高，在神經技術領域取得了鼓舞人心的進展。在進步的背後，可以看到過去幾年，在全球投入最大的研究項目中，有兩項都與腦科學有關。

　　我認為，在形成社會規範、制定合適的法規這個問題上，生物領域面臨的挑戰無疑是最大的。我們面臨著許多新問題，諸如人何以為人？與人體和健康有關的資料和資訊，哪些是可以或者說應該與他人分享的？在改變子孫後代的基因密碼方面，我們有著怎樣的權利和責任？

　　就拿前面提到的基因編輯這個問題來說，如今，在

可存活胚胎內精準操縱人類基因組比過去要容易很多。這也意味著，未來很可能誕生一些人為設計出來的嬰兒，使他們擁有某些特質或者對某些疾病有免疫力。不用說，人們正就這些技術帶來的機遇和挑戰進行討論。值得一提的是，2015 年 12 月，美國國家科學院和國家醫學院、中國科學院、英國皇家學會共同召開了一場「人類基因編輯國際峰會」。面對即將成為現實的基因技術，我們雖然已經有了一些思考，但究竟該如何應對最新基因技術所帶來的現實和後果，我們仍未做好準備。這些技術給社會、醫學、倫理和心理帶來了巨大的挑戰，需要我們著手應對，至少應予以充分的討論。

創新的活力

創新是一個複雜的社會過程，我們不能認為創新是理所當然的。因此，儘管這部分著重介紹了一系列有望改變世界的技術進步，我們仍要注意確保此類進步能夠繼續推進，並引導它朝著最佳結果發展。

人們往往認為，學術機構是探索前衛理念的主要陣地。然而，新的證據顯示，受職業激勵機制和資金條件所限，如今的大學更偏重漸進式的保守研究，而不是大膽的創新專案。[12] 要破除學術研究上的保守主義，鼓勵更

多的商業性研究不失為一劑良方。然而，這麼做也會帶來挑戰。2015 年，Uber 技術公司雇用了卡內基美隆大學（Carnegie Mellon University）的 40 名研究人員和科學家，抽走了學校實驗室相當大比重的人力，這不僅衝擊了學校的研究能力，也給學校履行與美國國防部和其他機構簽訂的合約帶來了巨大的壓力。[13]

如果想在學界和商界鼓勵開拓性的基礎研究和創新型的技術改革，政府就應該投入更多資金資助一些目標遠大的研究項目。同樣地，公私部門在合作開展研究時，也應更多地以知識和人力資本開發為導向，力爭造福整體人類。

技術引爆點

籠統討論這些大趨勢會讓人感覺很抽象，但是這些趨勢已經催生出非常實用的應用和發展成果。

2015 年 9 月，世界經濟論壇發布了一份報告，指出 21 個技術引爆點（即某些特定的技術變革衝擊主流社會的時間點）將塑造未來高度互聯的數位化世界。[14] 這些引爆點預計在未來 10 年內出現，足以說明第四次工業革命正引發深刻的變革。這些引爆點主要源於世界經濟論壇

全球議程理事會「軟體與社會的未來」議題組所做的一次調查，全球共有 800 多名來自資訊與通訊技術行業的高層主管和專家參與了這次調查。

表 2–1 說明了認為某個特定引爆點將在 2025 年前出現的受訪者百分比。[15] 關於每一個引爆點及其正面和負面的影響，本書後半部有更為詳盡的介紹。對於初次調查沒有涵蓋的「訂製人類」和「神經技術」兩個引爆點，雖然表 2–1 沒有介紹，第五章卻專門做了闡釋。

這些引爆點為我們提供了十分重要的背景，提醒我們未來可能出現的重大變化，以及我們該如何進行準備和應對。因為這些變化都是系統性的，所以其影響會進一步放大。下一章我將談到，如果我們想順利轉型，首先要充分認識正在發生和即將發生的變革，以及它們對全球各個層面的影響。

表 2-1　預計將在 2025 年前出現的引爆點

（%）

10% 的人穿戴接入網路的服飾	91.2
90% 的人享受免費的（廣告商贊助的）無限儲存空間	91.0
1 兆個感測器將接入網路	89.2
美國出現首個機器人藥劑師	86.5
10% 的閱讀眼鏡接入網路	85.5
80% 的人在網路上擁有了數位身分	84.4
首輛 3D 列印汽車投產	84.1
政府首次用大數據來源取代人口普查	82.9
首款植入式手機將商業化	81.7
5% 的消費品都是由 3D 列印而成	81.1
90% 的人使用智慧型手機	80.7
90% 的人可經常接入網路	78.8
無人駕駛汽車占到美國道路行駛車輛的 10%	78.2
首例 3D 列印肝臟實現移植	76.4
30% 的企業審計由人工智慧執行	75.4
政府首次採用區塊鏈技術收稅	73.1
家用電器和設備占到一半以上的網路流量	69.9
全球共乘出門、出遊的數量超過私家車	67.2
出現首座人口超過 5 萬、但沒有紅綠燈的城市	63.7
全球 10% 的 GDP 以區塊鏈技術進行儲存	57.9
第一個人工智慧機器將加入公司董事會	45.2

資料來源：《深度轉變：技術引爆點與社會影響》（*Deep Shift–Technology Tipping Points and Societal Impact*），世界經濟論壇全球議程理事會「軟體與社會的未來」議題組，2015 年 9 月。

第三章

顛覆性影響

正在展開的這一次技術革命規模極大、範圍極廣，將引發經濟、社會和文化多個領域的變革，其影響非比尋常，我們幾乎無法預判。儘管如此，本章還是要描述並分析第四次工業革命對經濟、企業、政府、國家、社會及個人的潛在影響。

在所有這些領域，最重大的影響之一可能來自於賦權，也就是政府如何與公民互動；企業如何與雇員、股東和客戶互動；超級大國如何與小國互動。因此，隨著第四次工業革命顛覆現有的政治、經濟和社會模式，被賦權者必須認識到，他們屬於一個分散的權力系統，需要在相互交往中加強合作，方能取得成功。

經濟：爆發式成長和就業困境

第四次工業革命將對全球經濟產生深遠的影響，由於影響的範圍非常廣泛，且涉及眾多領域，所以我們很難對某個影響進行孤立的分析。事實上，你能想到的所有宏觀變數，包括 GDP、投資、消費、就業、貿易、通貨膨脹等等，都會受到影響。在此，我想重點闡述兩個最關鍵的方面：成長（很大程度上是通過生產效率這一長期決定因素來觀察的）和就業。

成長還是衰退？

關於第四次工業革命對經濟成長的影響，經濟學家們也莫衷一是。一方面，技術悲觀主義者認為，數位革命的關鍵性貢獻已經完成，它對生產效率的影響已經到了強弩之末。而反方陣營的技術樂觀主義者則稱，技術和創新正處於轉捩點，將很快推動生產效率的大幅上升，加速經濟增長。

雖然兩方觀點都有道理，但我仍然保持務實的樂觀主義態度。我清楚技術對通貨緊縮的潛在影響（即便被定義為「良性通縮」），和其分配效應如何輕視勞動力而偏向資本以及擠壓工資（由此擠壓消費）。我也看到，第四次工業革命有助於很多人以更低價格享受更多服務，並在一定程度上使消費行為更具持續性且負責任。

關於第四次工業革命對成長的潛在影響，我們需要參考最近的經濟趨勢和其他成長因素。在 2008 年發生經濟與金融危機的前幾年，全球經濟年增長率約為 5%。如果能保持這一速度，全球 GDP 每 14 到 15 年即可翻倍，從而讓數十億人脫離貧困。

「大衰退」剛結束的那段時間，人們普遍認為全球經濟將恢復到先前的高成長態勢，但事實並非如此。全球

經濟似乎止步於 3% 到 3.5% 的年增長率，低於「二戰」後的平均水準。

某些經濟學家已提出「百年衰退」（centennial slump）的可能，還提到「長期停滯」（secular stagnation），後面這一名詞是韓森（Alvin Hansen）在美國經濟大蕭條期間創造的，最近被經濟學家桑默斯（Larry Summers）和克魯曼（Paul Krugman）重新拾起。「長期停滯」描述的是需求持續不足，即便是採取接近零利率的政策也無法擴大需求。儘管這一觀點在學術界頗有爭議，但其影響卻不可小覷。如果這個觀點屬實，意味著全球 GDP 增長可能會進一步降速。假設在極端情況下，全球 GDP 年增長率滑落至 2%，那麼將需要 36 年才能實現翻倍。

對於目前全球成長放緩的情況，各方有很多解釋，諸如資本分配不當、過度負債、人口結構變化等。我將在下文分析其中兩個與技術進步關係尤為密切的因素，即高齡化和生產效率。

高齡化加速

據預測，2030 年前，全球人口將從今天的 72 億增長到 80 億，到 2050 年前增長到 90 億。人口增長理應擴大

總需求,但還有另一個重要的人口趨勢:高齡化。傳統觀點認為,高齡化主要影響西方富裕國家,但事實並非如此。在許多地區,出生率已經低於更替水準。這一現象不只是出現在歐洲(出生率最先下降的地方),還有南美洲和加勒比海大部分地區,以及中國和印度南部在內的許多亞洲國家和地區,甚至還包括中東和北非一些國家,如黎巴嫩、摩洛哥和伊朗。

高齡化會對經濟發展構成挑戰,因為除非退休年齡大幅提高,讓高齡人口繼續工作(這是勢在必行的經濟措施,經濟效益明顯),否則受贍養老人比例增加的同時,工齡人口就會下降。隨著人口高齡化、青壯年人口減少,住宅、家具、汽車、電器等大件商品的購買也會減少。此外,願意承擔創業風險的人也會隨之減少,因為高齡工作者傾向於保留必要資產,相對於創立新企業,他們更願意安享晚年。另一方面,隨著人們退休並用光積蓄,從而在某種程度上部分抵消了這種影響,從總體上降低了儲蓄和投資比率。

當然,隨著高齡化社會適應了形勢,這些習慣和模式可能會改變,但總體趨勢是,高齡化的世界注定成長緩慢,除非技術革命引發生產效率(簡而言之,即聰明工作而非勤奮工作的能力)的大幅攀升。

第四次工業革命可以讓我們過上更長壽、更健康、更積極的生活。如今在已開發國家出生的嬰兒中，超過四分之一的人預期壽命可達 100 歲。在此背景下，我們就必須重新思考工齡人口、退休和個人生活規劃等問題。[16] 而許多國家在試圖探討這些問題時面臨很多困難，這進一步說明我們還沒有做好準備，未能充分、主動地認識到變革的力量。

生產率悖論

過去 10 年裡，儘管技術進步和創新投資都實現了指數級增長，全球的生產效率（無論以勞動生產率，還是總要素生產率衡量）依然止步不前。[17] 生產率悖論的一個最新表現是技術創新未能提高生產效率。這個悖論是當今時代的一個重要經濟謎題，在「大衰退」發生之前就出現了，至今尚未有令人滿意的解釋。以美國為例，1947 年到 1983 年間，勞動生產率的年均增長率為 2.8%；2000 年到 2007 年的年均增長率為 2.6%；2007 年到 2014 年的年均增長率為 1.3%。[18] 增長率走低的原因主要在於總要素生產率（衡量技術和創新對效率貢獻的最常見指標）的降低。美國勞工統計局的資料顯示，2007 年到 2014 年，總要素生產率的年均增長率僅為 0.5%，遠

遠落後於 1995 年到 2007 年間 1.4% 的水準。[19] 儘管在近 5 年的時間裡，實際利率一直在零利率上下徘徊，但鑒於美國最大的 50 家公司已經積聚了超過 1 兆美元的現金資產，生產率下滑的現象就更令人擔憂。[20]

生產效率是長期增長和生活水準提高最重要的決定因素，因此，如果它在整個第四次工業革命期間停滯不前，意味著我們的長期增長和生活水準都要打折。一方面，資料顯示生產效率正在下降；另一方面，我們期望技術與創新的大幅進步能提高生產效率，我們如何才能調和兩者之間的矛盾呢？

一種主要觀點認為，挑戰在於如何通過衡量投入和產出來評估生產效率。在第四次工業革命中創造的新商品和服務，其功能和品質都會顯著提高，但其投放的市場與我們過去慣於衡量的市場大相逕庭。許多新商品和服務都「沒有競爭對手」，邊際成本為零，並且（或者）通過數位化平台駕馭競爭激烈的市場，這些導致了商品和服務價格降低。在這樣的條件下，由於消費者剩餘不再反映在總體銷售額或更高的利潤中，傳統的統計方式很可能無法反映真實的價值增長。

Google 首席經濟學家韋瑞安（Hal Varian）舉了幾個例子：通過移動應用叫車，或依據共享經濟模式租用

汽車，這些都提高了效率。其他許多類似的服務一般也能提高資產效率和生產效率，但由於它們本質上是免費的，這些服務在家庭和工作中的價值就無法計算，所以在通過特定服務實現的價值與國家統計的價值增長之間是存在差異的。這也說明，我們實際的生產和消費效率要高於國家的經濟指標。[21]

另一個觀點則認為，第三次工業革命提升生產率的態勢已經減弱，同時第四次工業革命的那波核心技術還沒有導致生產效率真正爆發。

事實上，做為一名務實的樂觀主義者，我強烈感覺到，我們才剛剛開始感到第四次工業革命對全球的積極影響。我的樂觀源於以下三個方面：

首先，第四次工業革命可以將 20 億人尚未被滿足的需求納入全球經濟，通過為世界各個角落的個人和共同體賦權，並將他們彼此連接，擴大對現有產品和服務的需求。

其次，第四次工業革命將大大增強我們處理外部負面問題的能力，以及刺激潛在經濟增長的能力。以負面性較高的碳排放為例，直到不久前政府大力補貼時，綠色投資才具有了吸引力。但形勢現在發生了變化：可再

生能源、燃油效率和能源儲存領域技術快速的進步，不僅讓這些領域的投資獲利愈來愈豐厚，有力地促進了 GDP 增長，也更有效地緩解了一項重要的全球性挑戰——氣候變化。

再者，如後文所述，許多企業、政府和公民社會領袖都告訴我，他們正在努力改造所在組織，以充分實現數位技術帶來的效率提升。我們仍處於第四次工業革命的開端，需要打造全新的經濟和組織架構，才能充分實現此次工業革命的價值。

事實上，我認為在第四次工業革命期間，經濟的競爭規則與以往不同。國家和企業要保持競爭力，就必須在各方面處於創新前端，這意味著與過去的低成本戰略相比，以創新方式提供產品和服務的戰略會產生更好的效果。如我們當前所見，來自其他產業、其他國家的顛覆者與創新者給老牌企業帶來了極大壓力。同樣地，如果一個國家沒有認識到建立創新生態系統的必要性，那麼這個國家今後也會受到來自其他國家顛覆和創新的巨大壓力。

總而言之，我認為，結構因素（過度負債和高齡化社會）和系統因素（平台和共享經濟的產生，邊際成本下降與其他因素的相關性愈來愈高等等）將共同發揮作

用，迫使我們改寫經濟學教科書。第四次工業革命極有機會在促進經濟增長的同時，紓解世界各國共同面臨的部分重大挑戰。但是，我們也需要認識並管控第四次工業革命帶來的負面影響，特別是對不平等、就業和勞動力市場的影響。

被改寫的勞動力市場

儘管技術可能對經濟成長產生積極影響，但是我們也必須應對其可能產生的消極影響，至少在近期得緩解技術對就業市場產生的負面影響。關於技術影響就業的擔憂並非今日才有，早在 1931 年，經濟學家凱因斯（John Maynard Keynes）就曾警告，當「發現節約勞動力使用方法的速度，遠遠超過了我們為勞動力開闢新用途的速度」時，技術就會導致大範圍失業。[22] 這個論斷被證明是錯誤的，但是萬一這次對了呢？在過去幾年，電腦取代了許多工種，尤其是記帳員、收銀員和接線員等工作，這些事實再次引起了人們對於這個問題的討論。

前言中，我已經介紹了為什麼新技術革命會比前幾次技術革命造成更激烈的劇變，主要有以下幾個因素：速度（所有一切發生的速度都比以往更快）、廣度、深度（許多劇變同時發生）以及整個系統的全面變革。

鑒於上述因素，我們可以確定一個事實：新技術會大大改變所有行業和職業的工作性質。最不確定的事情是，自動化會在多大程度上取代人工？需要多長時間？會發展到什麼程度？為了理解這個問題，我們必須明白技術對就業產生的兩個相互對立的影響：一方面，技術對就業是有破壞效應的，因為技術帶來的顛覆和自動化會讓資本取代人工，從而導致工人失業，或者把他們的技能用到其他地方；另一方面，這樣的破壞效應也伴隨著資本化效應，也就是對新商品和新服務需求的增加，會催生全新職業、業務，甚至是全新行業。

　　人類的適應力和創造力都非常卓越，但問題的關鍵在於資本化效應取代破壞效應的時機和程度，以及這種取代會有多快發生。

　　關於新興技術對就業市場的影響，人們的觀點基本上可以分為兩派：一派主張樂觀看待，認為工人被技術取代後就會找到新的工作，而且技術也會激發新一輪的繁榮；另一派則認為技術會導致大範圍的失業，從而導致社會和政治衝突加劇。歷史告訴我們，最終的結果會介於兩者之間。問題是，我們應該採取何種措施讓結果朝著更積極的方向發展，同時幫助處於轉型期的那些人？

技術創新總是會淘汰部分工作，但是技術創新又會以其他形式或者在其他地方提供新的工作機會。以美國的農業為例，在 19 世紀初，90% 的勞動力都在從事農業，但是今天這個比例不足 2%。不過美國農業人口的巨幅下滑是一個相對平穩的過程，其社會破壞力相當小，只在局部地區出現了失業情況。

　　應用經濟就是創造新就業機會的案例，這個經濟模式開始於 2008 年，當時蘋果公司創始人賈伯斯決定讓外部開發者為 iPhone 手機開發應用。截至 2015 年年中，全球應用經濟產生的收入規模預估就超過了 1000 億美元，高於已經存在一個多世紀的電影產業的收入規模。

　　技術樂觀者會問：如果從過去推測現在，為什麼這一次就不同了呢？他們承認技術的顛覆性，但是他們也聲稱，技術最終都提高了生產效率，增加了社會財富，這反過來又會擴大人們對商品和服務的需求，進而催生更多的新工種來滿足這些需求。這個觀點的實質是：人的需求和欲望無窮無盡，所以滿足需求和欲望的過程也無窮無盡。除了正常的衰退和偶爾的蕭條，所有人都可以找到工作。

　　有什麼證據可以證明這一點呢？它對我們未來又有什麼啟示呢？有早期跡象顯示，許多行業和工種均已出

現可以替代人工的創新技術，在未來數十年，人工很可能被這些創新所取代。

勞動力被取代

許多工種已經實現了自動化，尤其是那些需要機械重複和精準操作的勞力工作。許多其他工種也會逐步實現自動化，因為計算能力在持續快速增強。即便是像律師、金融分析師、醫生、記者、會計師、保險承保人、圖書管理員等各種不同的職業，也可能部分或全部實現自動化，而且這一天會比大多數人的預期來得早。

到目前為止，我們看到的證據是：相較於以前的工業革命，第四次工業革命創造的就業機會似乎變少了。牛津大學馬丁學院的技術與就業專案評估顯示，21 世紀之初在美國尚未出現的那些行業，現在只接納了 0.5% 的就業人數，這個百分比遠遠低於 20 世紀 80 年代和 90 年代新生行業分別接納大約 8% 和 4.5% 的就業人數。美國近期的一次經濟普查也驗證了這一點，揭示了技術與失業之間的關係。普查結果顯示：資訊和其他顛覆性技術的創新是通過取代現有人工來提高生產效率，而不是創造新產品從而需要更多人力參與製造。

經濟學家佛雷（Carl Benedikt Frey）和機器學習專

家歐斯本（Michael Osborne）是牛津大學馬丁學院的兩位研究人員，他們量化了技術創新對失業的潛在影響，並根據自動化發生的概率，對 702 個職業進行了排名，涵蓋了自動化風險最低（0 分表示完全沒有風險）和自動化風險最高（1 分表示該工作存在被某種電腦替代的一定風險）的職業。[23] 我在表 3–1 中介紹了自動化風險最高和最低的部分職業。

這項研究得出的結論是，在未來 10 到 20 年，美國 47% 的就業人口可能會面臨失業風險。相對於之前工業革命對就業市場的改變，這次工業革命對就業市場的破壞範圍更廣，速度更快。此外，就業市場兩極分化的趨勢更為嚴重，也就是認知性和創造性強的高收入工作機會和體力性的低收入工作機會都會增加，但是常規性和重複性的中等收入工作機會將會大幅減少。

有趣的是，勞動力被取代不僅是因為演算法、機器人和其他非人資產能力的增強。歐斯本還注意到，自動化發展的另外一個關鍵因素是企業近年來在努力更準確地定義並簡化它們的工作，以便它們在外包這些工作時對其進行「數位化」處理（比如利用亞馬遜的網路群眾外包平台「土耳其機器人」，簡稱 MTurk）。

通過簡化工作，演算法就可以更有效地替代人類，

表 3–1　自動化風險最高和最低的部分職業

自動化風險最高的職業	
概率	職業
0.99	電話銷售員
0.99	報稅代理人
0.98	保險鑒定、車輛定損人員
0.98	裁判和其他賽事官員
0.98	法律祕書
0.97	餐館、休息室和咖啡店工作人員
0.97	房產經紀人
0.97	農場勞務承包商
0.96	祕書和行政助手（法律、醫療和高層主管助手除外）
0.94	快遞員、郵差

自動化風險最低的職業	
概率	職業
0.0031	與精神健康和藥物濫用相關的社會工作者
0.0040	編舞人員
0.0042	內外科醫生
0.0043	心理學家
0.0055	人力資源管理者
0.0065	電腦系統分析師
0.0077	人類學家和考古學家
0.0100	海洋工程師和造船工程師
0.0130	銷售管理者
0.0150	首席執行官

料來源：佛雷和歐斯本，牛津大學，2013 年

因為各項準確定義的獨立任務更便於監控，也可以產生更多、更高品質的任務數據，並在此基礎上形成更優質的資料庫，進而讓演算法可以替代人工開展工作。

在思考自動化和勞動力被取代的現象時，特別是關於技術對就業和未來工作的影響，我們應該避免讓自己的思維走向極端。佛雷和歐斯本的研究顯示，第四次工業革命將必然對全球就業市場和職場產生重大影響，但是這並不意味我們會面臨人與機器對抗的困境。當前的變革是由數位、物理和生物技術的結合而推動的，在大多數情況下，這種結合會增強人類能力和認知力，這意味著領導者要對員工進行培訓，並開發相關學習模式，讓員工可以與那些能力、互聯程度和智力水準愈來愈高的機器一同工作。

對技能的影響

在可預見的未來，自動化風險較低的工作是那些需要社交技能和創造力的工作，尤其是在不確定狀態下做出決策和提出創新思維的工作。

但即便是這樣的工作可能也不會長久。寫作算是最需要創造力的工作之一，但是人們已經開發了自動寫作技術。複雜的演算法可以根據受眾特點，生成相應風格

的文章，而且內容看起來很像是真人的作品。《紐約時報》最近做過一個測試：被測試者閱讀兩篇類似的文章，他們根本無法判斷哪一篇文章是真人創作的，哪一篇文章是機器人寫的。目前，這項技術發展的速度非常快，美國敘事科學公司（Narrative Science）是一家專業研發創作自動生成技術的公司，這家公司的聯合創始人漢默德（Kristian Hammond）預測，到了 21 世紀 20 年代中期，90% 的新聞將通過演算法生成，而且其中大部分內容將完全不需要人的參與（當然，演算法設計除外）。[24]

在這樣一個快速變化的工作環境裡，有一種能力對所有利益相關者而言都愈加重要，這個能力便是從知識和技能角度預測未來的就業趨勢和需求。不同行業、不同地區會有不同趨勢，所以我們應該了解第四次工業革命對特定行業、特定國家的影響。

通過世界經濟論壇的 2016 年「未來工作」研究項目，我們從 15 個經濟體的 10 個行業中選取了當今最大的企業，針對從現在起到 2020 年科技對就業、工作和技能的影響，調查了這些企業首席人力資源長的意見。如圖 3–1 所示，受訪者認為，到 2020 年，對解決複雜問題的能力以及社交技能和系統性技能的需求會遠遠高於對身體能力和知識性技能的需求。這項研究報告發現，未

來 5 年是一個關鍵的轉型期：總體來看，就業前景沒有太大波動，但是部分行業以及大多數職業技能會發生巨大變化。儘管大多數職業的薪酬以及員工在工作與生活間的平衡關係預計會稍有改善，但是在一半被調查的行業中，職業安全感預計會有所惡化。在這個過程中，男性和女性受到的影響顯然也不相同，可能會進一步加劇性別不平等（參見專欄 3–1）。

圖 3–1　2020 年的技能需求

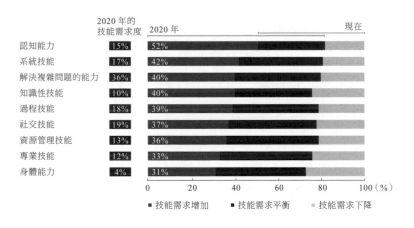

資料來源：2016 年《未來工作報告》，世界經濟論壇。

專欄 3-1 ｜ 性別差距與第四次工業革命

　　世界經濟論壇 2015 年發布的《全球性別差距報告》（第 10 版）揭示了兩個令人憂心的趨勢：第一，按照當前的進展速度，全球要實現經濟領域的男女平等還需要 118 年的時間；第二，性別平等的進展相當緩慢，甚至可能會止步不前。鑒於上述趨勢，我們必須考慮第四次工業革命對性別差距的影響。隨著物理、數位和生物領域的技術變革加速前進，女性的經濟、政治和社會角色將會受到怎樣的影響？

　　我們現在要考慮的一個重要問題是，男性主導的職業和女性主導的職業，哪一個面臨的自動化風險更大？世界經濟論壇的《未來工作報告》顯示，這兩種類型的職業都可能會發生大規模的失業。儘管製造業、建築業和安裝業等男性主導行業的自動化會導致更多失業，但隨著人工智慧的能力日益增強，以及服務業可以對任務進行數位化處理，這意味著不論是新興市場的呼叫中心崗位（這是許多年輕女性員工的生計來源，她們通常也是家庭中首先出來工作的人），還是已開發經濟體中的零售和行政崗位（這是中低層女性的主要就業領域），都面

臨被自動化取代的風險。

　　失業在許多情況下都會產生負面影響，但是如果在那些曾經賦予女性就業機會的領域出現大範圍失業，就會引發累計效應，而我們對此應該特別關注。具體來說，如果低技能女性是家庭的唯一收入來源，她失業就會讓家庭面臨風險；即使家庭有兩份收入來源，女性失業也會導致家庭收入減少；失業還會導致性別差距在全球進一步擴大。

　　那麼會有新的崗位和職業類型提供給女性嗎？在第四次工業革命重塑就業市場的背景下，女性會有哪些新的就業機會呢？雖然我們很難預測尚未出現的行業需要什麼樣的技能，但是我們還是可以合理推測出這樣的結論：市場需要更多能使工人與技術系統共同設計、建造和工作的技能，以及能夠填補技術創新空白的技能。

　　因為男性仍將主導電腦科學、數學和工程等領域，所以對專業性技能需求的增加可能會進一步擴大性別差距。但是那些機器無法勝任的、依賴人類特質和能力（比如同理心和同情心）的工作，其市場需求就可能會增加。比如，在心理學家、治療師、教練、活動策劃、護士和其他醫療工作人員等職業類型中，女性就非常普遍。

　　現在的關鍵問題是，如果女性要投入時間和精力去

從事那些需要不同專業技能的工作，其相對回報是否合理，因為個人服務和其他目前由女性主導的職業依然可能會面臨價值被低估的風險。如果這樣的話，第四次工業革命可能會導致男性角色和女性角色之間出現更大分歧，這也可能是第四次工業革命的一個負面結果，因為它不僅會加劇整個社會的不平等，還會擴大性別差距，使得女性在未來的工作中更難發揮自身才能。我們知道，如果一個組織所有層面的團隊都能做到男女均衡，組織的創造力和效率就會得到提升，但是如果出現上述的負面結果，那麼男女均衡帶來的多元化和效益價值都會面臨威脅。要知道，在第四次工業革命時代，許多曾經與女性和女性職業相關的特質和能力將更加重要。

我們無法預測第四次工業革命會給男性和女性帶來怎樣不同的影響，但是我們可以利用經濟轉型的機遇，重新設計我們的就業政策和商業實踐，確保男性和女性都能充分發揮他們的才能。

未來的世界會湧現出許多新的崗位和職業，這不僅是因為第四次工業革命，還因為許多非技術因素，比如人口壓力、地緣政治變化、新的社會和文化規範。今

天，我們無法精確預測這些因素，但是我堅信關鍵的生產要素不是資本，而是人才。因此，限制創新、競爭力和成長的因素更有可能是人才匱乏，而不是資本的短缺。

這可能導致就業市場逐漸分化為低技能的低薪工作和高技能的高薪工作，就像矽谷的作家兼軟體創業者馬丁·福特（Martin Ford）預測的那樣，就業技能這座金字塔的整個底部將逐漸空心化。[25]如果我們現在不做好應對準備，社會的不平等就會加劇，社會壓力也會隨之增加。

這樣的壓力也會迫使我們重新思考在第四次工業革命的背景下，「高技能」的含義應該如何界定。從傳統意義上來說，技能依賴於高等教育或專業教育，以及在某個職業或專業領域擁有相應的能力組合。鑒於技術變革的速度愈來愈快，第四次工業革命將更重視並要求員工具有在不同環境下不斷自我調整以及學習新技能和新方法的能力。

世界經濟論壇的「未來工作」專案研究還顯示，對於企業的人力資源戰略能否應對上述變化，只有不到50%的首席人力資源長表現出一定程度的自信。這些企業之所以沒有採取更為果斷的措施，主要有如下障礙：企業對顛覆性變革的性質缺乏了解、人力資源戰略與企

業的創新戰略之間缺乏協調配合、資源制約，以及短期的盈利壓力。因此，儘管面臨即將發生的巨大變革，但企業為應對這些挑戰所採取的措施卻少之又少。企業必須要轉變思維，才能滿足自身的人才需求，緩和變革對社會的不利影響。

對發展中國家的影響

我們還有必要思考一下第四次工業革命對發展中國家的影響。事實上，即使前幾次工業革命的成果也尚未惠及世界上所有人（許多人現在還沒有用上電、自來水、牽引機和其他機械設備）。鑒於此，雖然第四次工業革命會對已開發國家產生變革性影響，對中等收入國家也會產生一定程度的影響，但這並不意味此次工業革命必然會影響到發展中國家。

第四次工業革命到底會帶來怎樣的影響還有待觀察。在過去幾十年，雖然國家內部的不平等在擴大，但是國家之間的差距卻在大幅縮小。到目前為止，我們看到各經濟體之間在收入、技能、基礎設施和金融等領域的差距在不斷縮小。第四次工業革命會不會逆轉這樣的趨勢呢？還是說我們可以利用技術和快速變革，促進經濟發展，甚至加速實現跨越式的發展呢？

我們必須要對這些棘手問題給予足夠的重視，即使先進經濟體在全力應付自身的各項挑戰時也不能忽視它們。不讓更多國家和地區落後並非是道義上的責任，而是一個非常重要的目標。大規模移民等地緣政治和安全挑戰會引起國際動盪，而實現上述目標就可以緩解這樣的風險。

　　在第四次工業革命時期，如果低成本勞動力不再是企業的競爭優勢，全球製造業就很可能回歸先進經濟體。一旦發生這樣的情況，低收入國家就會面臨困境。在世界經濟中，依靠成本優勢發展製造業是一種常見的發展路徑，可以讓發展中國家累積資金、獲得技術並提高人民的收入水準。一旦這條發展道路走不通，許多國家就需要重新思考其發展模式和工業化戰略。發展中國家能否把握並利用好第四次工業革命的機遇對於世界來說非常重要。為了理解、制定和調整相關戰略，我們需要進一步的研究和思考。

　　另外一個風險是第四次工業革命可能在國內以及國家之間導致「贏者通吃」的局面。這種情況如果發生，就會進一步加劇社會緊張局勢和衝突，降低社會凝聚力，加劇社會動盪。尤其是在當今時代，人們對於社會不公和國家間生活水準差異的情況更了解，同時也更加

敏感。除非公共部門和私營部門的領袖們向公眾保證，他們正在實施正確可行的戰略改善民眾生活，否則社會動亂、大規模移民和極端暴力情況會更加嚴峻，從而對處於任何發展階段的國家產生威脅。要讓人們堅信自己可以通過有意義的工作養活自己和家人，這一點十分重要。但同時我們也必須考慮到：萬一勞動力需求不足會出現怎樣的狀況？萬一技能與需求不匹配又會出現怎樣的狀況？

新型彈性工作革命

15 年前，品克（Daniel H. Pink）在《自由工作者的國度》（*Free Agent Nation*）一書中描述了未來的工作更像是員工和公司之間的一系列交易，而不是一種持久的關係。[26] 在技術創新的驅動下，這種趨勢得以加快發展。

今天，共享經濟從根本上改變了我們與工作的關係，也改變了這種經濟模式下的社會結構。愈來愈多的雇主利用「人力雲」（Human Cloud）來完成工作：他們把專業工作細分為多個精確的任務和彼此獨立的項目，然後上傳到由來自世界各地的工作者組成的虛擬雲上。這是新型共享經濟，在這種經濟模式下，提供勞務的人不再是傳統意義上的員工，而是從事特定工作的獨立個

人。在記者曼朱（Farhad Manjoo）為《紐約時報》撰寫
的一篇專欄文章中，紐約大學斯特恩商學院亞倫·桑達
拉拉揚（Arun Sundararajan）教授指出：「未來可能會有
一部分人通過做各種各樣的事情來獲取收入，也就是你
既可以是 Uber 司機，又可以是 Instacart❺ 的採購員和
Airbnb 的房東，也可以在 Taskrabbit❻ 上做臨時工。」²⁷

在數位經濟時代，企業，尤其是飛速發展的初創企
業具有顯而易見的優勢。因為人力雲平台上的工作者都
是自由職業者，至少從目前來看，雇主無須為他們支付
最低工資、繳納稅收和社會保險。英國 MBA 公司首席執
行長丹尼爾·卡拉漢（Daniel Callaghan）在《金融時報》
撰文指出：「你可以在任何時間，按照你的方式找到你想
要的任何人。而且因為他們不是你的雇員，所以你無須
處理麻煩的雇傭問題和相關規定。」²⁸

對於在人力雲平台工作的那些人而言，最大的優勢
在於自由（是否工作的自由），同時因為他們屬於全球虛
擬網路的一部分，所以也具有無與倫比的機動性。有些
個體工作者認為這樣的工作模式壓力小、自由度大、工

編注❺ Instacart 是一家一小時送貨到府的網上雜貨店。
編注❻ Taskrabbit 允許用戶雇用其他人去做一些奇怪的工作，讓那些需要
　　　額外收入的人可以利用閒置時間接受臨時工作。

作滿意度高，是一種理想的工作狀態。儘管人力雲還處在發展的初期，但已經有許多傳聞表明人力雲催生了「無聲境外生產」（silent offshoring, 無聲是因為人力雲平台沒有上市，無須披露資料）。

這就是新型的彈性工作革命，任何一個人只要接入網路就可以獲得工作，同時技能短缺問題就可以解決。我們不禁要問，這場革命已經開始了嗎？還是說在這個無人監管的、由虛擬血汗工廠組成的世界裡，這場革命必然會導致逐底競爭？如果是後者（全世界那些朝不保夕的勞動者必須得不停地工作才能養家糊口，與此同時卻又沒有勞工權、談判權和職業安全感），這會不會導致社會和政治動盪呢？最後，人力雲的發展僅僅是讓人類從事的工作加速自動化嗎？

我們現在面臨的挑戰是，必須為社會契約和就業合約設定新的形式，以適應不斷變化的勞動力隊伍和工作性質。我們必須限制人力雲的負面影響，避免可能出現的剝削現象，但同時我們也不應壓制就業市場的發展，不應阻止人們選擇自己的工作方式。如果我們做不到這一點，那麼第四次工業革命可能會對未來的工作產生負面影響，也就是使社會分裂程度加深，人們的隔離感和排斥感變得更強。倫敦商學院的管理實踐教授林達·葛

瑞騰（Lynda Gratton）在《未來工作在哪裡？決定你成為贏家或新貧的關鍵》（*The Shift:The Future of Work is Already Here*）中對這一影響進行了闡述。[29]

正如我在本書中始終強調的，選擇權掌握在我們自己手中，結果如何完全取決於我們制定的政策和制度。但是我們也必須認識到，在這個過程中可能會出現監管增強的風險，從而進一步增強政策制定者的權力，抑制一個複雜系統的自我調節能力。

目標的重要性

我們必須記住，這並非僅僅與人才和技能相關。技術可以促進效率的提高，這是大多數人想要的結果，但是他們也希望自己並非只是流程中的一個環節，而希望自己能成就更偉大的事情。馬克思（Karl Marx）曾表達過這樣的憂慮：專業化過程會弱化人對工作的目標感。富勒（Buckminster Fuller）也曾警告說，過度專業化的風險會「關閉寬頻帶可調節搜索，導致人們無法進一步發現強大的一般性原則」。[30]

現在，我們身處一個日益錯綜複雜、專業分工高度細分化的時代，人們渴望有目標的參與，這一點在年輕人身上體現得尤為明顯。他們經常感覺企業的工作限制

了他們尋求生活意義與目標的能力。在當今這個界限日益模糊、理想不斷變化的時代，人們需要的不僅是工作與生活的平衡，更重要的是工作與生活的和諧融合。我擔心，未來恐怕只有少數人才能在工作中獲得這種滿足感。

企業：不改變就滅亡

增長模式、就業市場和未來工作的變化會對所有組織產生影響。除此之外，也有證據顯示，那些推動第四次工業革命的技術正在對企業的領導、組織和資源配備方式產生重大影響，這些改變都會使標準普爾 500 指數覆蓋的企業平均壽命愈來愈短，從 60 年下降到 18 年。[31] 另外一個變化是新企業獲得市場支配地位、收入達到較高水準所需的時間愈來愈短。Facebook 花了 6 年時間就使年營業收入達到 10 億美元，而 Google 更只花了 5 年就達到了這個目標。新興技術幾乎都是由數位技術催生和驅動的，在它們的影響下，企業變革的速度不僅在加快，範圍也在拓展。

我經常和一些全球首席執行長和企業高層主管對話，上述現象進一步驗證了我們對話中的一個基本觀點：

當今時代資訊的氾濫，以及顛覆和創新速度不斷加快都是難以理解或預料的，使我們不斷地驚訝於變化之快。在這個環境下，企業領袖能否持續不斷地學習、調整並質疑自己對於成功的認知和營運模式，將決定他們能否在下一代企業領袖中脫穎而出。

　　因此，面對第四次工業革命對企業的衝擊，企業領袖的當務之急便是審視自身和自己的組織：是否有跡象顯示組織和領導階層具有學習和變革的能力？企業開發原型產品、做投資決策的速度是否一直夠快？企業文化是否包容創新和失敗？我所看到的一切均顯示，變革速度只會加快，而且程度只會更深。所以，領導人必須誠實而嚴格地審視自己的組織，分析它是否具有快速靈活的營運能力。

顛覆的原動力

　　顛覆的來源不同，對企業的影響也不同。在供給側，許多行業都在引入新技術，以此採用全新方式滿足現有需求，大大地顛覆了當前的價值鏈。這樣的例子不勝枚舉。在能源產業，新型儲存和電網技術將加快產業的去中心化；3D 列印技術的普及也會讓分散式製造和零件保養變得更加便捷和便宜；即時訊息和資訊將針對客

戶和資產績效提供獨特見解，從而進一步強化其他技術趨勢。

　　那些靈活的創新型競爭對手也為顛覆提供了原動力，他們利用研發、推廣、銷售和分銷領域的全球性數位平台，以更好的品質、更快的速度和更低的價格為客戶提供價值，從而超越現有的成熟企業。因此，許多企業領導人認為他們最大的威脅來自尚不知名的企業。但是，如果你認為只有初創企業才是競爭中的顛覆力量，那就錯了。數位化也讓現有的大型企業能夠利用現有的客戶群、基礎設施或技術，進行跨行業的顛覆，電信企業進入醫療和汽車領域就是例子。如果你能夠對規模加以巧妙利用，規模也可以變成競爭優勢。

　　需求側的變化也在顛覆著企業：由於透明度增加、消費者參與以及新型消費行為模式的出現（這一切日益取決於對移動網路和資料的應用），企業被迫改變其設計、行銷和交付現有及新產品和服務的方式。

　　總之，我認為第四次工業革命對企業的影響是，從簡單的數位化向更為複雜的創新模式（即以創新的方式綜合利用多種技術）轉型，而這種趨勢正以勢不可當的速度襲來。數位化是第三次工業革命的特徵，它迫使所有企業重新審視經營方式，並採取有別於傳統的模式。

對有些企業而言，如果想在新的價值前端站有一席之地，可能需要在相近領域開發新的業務；對另外一些企業而言，則需要在現有行業中發現不斷變化的價值點。

但是，核心要義還是一樣的。企業領袖和高層主管要明白，顛覆對企業的需求側和供給側都有影響，這反過來也要求他們必須質疑營運團隊的固有觀念，尋找新的營運方式。簡單來說，他們需要持續不斷地創新。

四大影響

第四次工業革命對各行各業的企業主要有四大影響：

- 客戶期望正在改變
- 人們利用數據完善產品，並由此提高資產的利用效率
- 隨著公司體認新型合作的重要性，新型合作夥伴關係不斷湧現
- 營運模式在向新數位模式轉型

從數據層面理解客戶

不論客戶是個人（商對客，B2C），還是企業（商對商，B2B），他們正日益成為數位經濟的焦點，而數位經

濟的核心內容便是如何服務客戶。客戶期望正在被重新定義為體驗。比如，蘋果公司創造的體驗不僅包括產品卓越的使用性能，還包括包裝、品牌、購物和客戶服務。因此，蘋果公司對客戶期望的定義還包括產品體驗。

傳統的人口細分方法正向數位定位轉變。基於客戶共用數據和互動的意願，數位技術可以發現潛在客戶。隨著所有權共享向使用權共用快速轉變（這一點在城市尤為明顯），數據共用將會成為企業價值主張必不可少的一部分。比如，共乘就需要汽車、公共事業、通訊和銀行等多家公司對個人和財務資訊進行整合。

大多數企業都宣稱以客戶為中心，我們可以用即時數據和分析來研究其定位和服務客戶的方式，從而檢驗它們是否能做到這一點。數位時代的核心便是獲取和利用數據，以此完善產品和體驗；在企業不斷調整和完善的同時，還要確保這個過程以人的互動為核心。

只有通過多個管道挖掘數據（包括個人、產業、生活方式和行為的數據），企業才能從細節上理解客戶的購買過程，這在以前是無法想像的。今天，數據和度量方法可以提供準實時的關鍵資訊，幫助企業了解客戶的需求和行為，從而做出更好的推廣和銷售決策。

數位化目前的趨勢是朝著更加透明的方向發展，這

意味著供應鏈數據更多，消費者可掌握的數據也更多，從而更容易比較同類產品的性能，這也表示權力要向消費者轉移。例如，比價網站就為消費者提供了比較產品價格、服務品質和性能的便利性。

對於現在的消費者來說，他們只要滑鼠一點或手指一滑，就可以轉向其他品牌、服務和網路零售商。企業現在無法再為劣質的產品性能推卸責任。也就是說，建立品牌資產困難重重，但失去卻易如反掌，在一個更加透明的時代，這一點將表現得更加淋漓盡致。

在很大程度上，千禧世代 ❼ 正引領著消費趨勢。我們現在生活在一個隨需應變的時代：每天通過 Whatsapp 發送的消息多達 300 億條；[32] 87% 的美國年輕人說他們隨時都會帶著智慧型手機，44% 的人每天都會使用手機照相功能。[33] 這個時代以點對點分享和使用者生成內容為主，是一個活在當下、具有即時性的時代：可以即時獲得交通指引服務，也可以要求把生活用品直接送到家門口。不論企業在哪裡，也不論客戶身在何處，這個「活在當下」的時代要求企業必須即時回應客戶的需求。

如果你認為所有這一切僅發生在高收入經濟體，那

編注❼ 千禧世代（1984 年到 1995 年出生的一代），他們差不多與電腦同時誕生，在網路的陪伴下長大。

就錯了。以中國的網購為例，在 2015 年 11 月 11 日的光棍節，阿里巴巴就處理了高達 140 億美元的網路交易額，其中移動端的交易額占 68%。[34] 另外一個例子是撒哈拉以南的非洲地區，它是手機使用者增長最快的地區，其移動網路相對於固定電話網路實現了跨越性的發展。全球移動通訊系統協會（GSM）預計，在未來 5 年，撒哈拉以南的非洲地區將新增 2.4 億移動網路使用者。[35] 儘管先進經濟體的社交媒體普及率最高，但是東亞、東南亞、中美洲地區的社交媒體普及率也都高於全球 30% 的平均水準，並呈現出快速增長的態勢。微信是中國的一款文字和語音移動通訊應用，僅在 2015 年年底前的 12 個月裡，它就獲得了約 1.5 億用戶，比前年同期至少增長了 39%。[36]

數據改善型產品

隨著數位技術被用於完善產品和服務，以及提高產品和服務的價值，新技術也改變著各類組織對資產的理解和管理方式。比如，特斯拉（Tesla）就可以通過軟體的無線升級和連通性，提升已經銷售出去的產品（比如汽車）價值，而不是任其貶值。

除了新材料讓資產更具耐久性和抗風險性，數據以

及數據分析技術也改變了資產的保養方式。設備資產中置入的感應器具備分析功能，可以讓設備始終處於被監控的狀態，便於主動式保養，實現設備資產利用效率最大化。保養方法不再是查找具體的故障，而是利用（基於感測器提供的數據，該數據通過演算法監測）性能指標檢查設備的運行是否在正常指標範圍內，一旦設備異常，就會發出警報。以飛機為例，如果某架飛機的引擎出現故障，航空公司的控制中心就可以先於飛行員知曉這個情況，向飛行員發出指令，並在目的地提前安排好維修保養人員。

除了維修保養外，數位技術還能夠對資產績效進行預測，這也催生了新的商業模式。人們可以衡量和監測資產績效，例如數據分析可以讓我們了解資產運行的誤差範圍，便於企業把非核心、非戰略性產品外包出去。企業應用程式領導商 SAP 就是這樣的企業，它可以利用嵌入設備的感測器所獲得的數據，減少農業設備的停機時間，提高利用效率。

對資產績效的預測能力也為服務定價提供了新機會。像電梯和走道這樣使用量大的資產，就可以根據資產績效定價。服務提供商可以在特定時段內，以 99.5% 的工作時間為基準，根據資產的實際績效獲取報酬。以

貨運為例，相對於定期購買新輪胎，按照輪胎使用的公里數向輪胎製造商付款的這種方案會讓長途貨運公司更有興趣。這種方案之所以可行，是因為感測器和數據分析的結合可以讓輪胎公司監測駕駛員的績效、燃料消耗、輪胎磨損等情況，便於輪胎公司提供端到端的服務。

協作式創新

利用數據分析改善客戶體驗，提供基於數據的服務以及提高資產績效，都需要以新的形式開展合作，特別是在創新和顛覆層出不窮的現在，這個道理不僅適用於成熟企業，也適用於充滿活力的新創企業。成熟企業常常缺乏相應技能，對不斷變化的客戶需求也缺乏敏感度，而新生企業則缺乏資金以及成熟企業擁有的大量數據。

世界經濟論壇在 2015 年的《協作式創新報告》中指出，如果企業通過協作式創新的方式分享資源，合作雙方和所在經濟體均可獲得巨大價值。西門子（Siemens）是一家工業巨頭，每年的研發支出高達 40 億美元，而 Ayasdi 則是一家於 2008 年在史丹佛大學成立的專事機器學習的創新企業，同時也是論壇的技術先鋒。這兩家企業最近建立了合作關係。通過合作，西門子可以利用

Ayasdi 的力量解決從大量數據中提煉資訊的難題,而 Ayasdi 則可以利用現實中的數據驗證其拓撲數據的分析方法,同時擴大市場占比。

但是,這種合作絕非一蹴可幾。無論是制定企業戰略,尋找合適的合作物件,建立溝通管道,協調彼此流程,還是靈活應對內外部不斷變化的環境,都需要雙方巨大的投入。有時這樣的合作還會催生類似城市共乘這類的全新商業模式,這些模式需要多個行業的企業合作,共同為客戶提供一體化體驗。但是,合作鏈上最薄弱的環節將會決定合作成效。企業合作不應局限於推廣和銷售協議,這樣才能清楚如何開展全方位合作。第四次工業革命將迫使企業思考如何在實踐中整合線上與線下的世界。

新型營運模式

所有這些影響都需要企業重新思考營運模式,並相應調整戰略規劃,因為企業需要更快、更靈活。如前所述,數位化的網路效應催生了一個重要的營運模式——平台。第三次工業革命見證了純數位化平台的崛起,而第四次工業革命的顯著特徵卻是與現實世界密切相連的全球性平台的誕生。平台戰略不僅可以創造利潤,還會產

生顛覆性影響。麻省理工學院科隆管理學院的研究顯示，在 2013 年市值最大的 30 家企業中，有 14 家屬於平台型企業。[37]

　　許多行業現在都認識到需要以客戶為中心，並利用數據改進產品，在此背景下，平台戰略讓這些行業的焦點開始從銷售產品轉向提供服務。愈來愈多的消費者不再購買或擁有實物，而是選擇通過一個數位平台獲取產品服務。比如，你可以在亞馬遜的 Kindle 商店裡閱讀幾十億本電子書，通過音樂服務平台 Spotify 播放這個世界上幾乎所有的歌曲，你還可以加入一家共乘企業，在對車輛沒有所有權的情況下依然可以獲得車輛的使用權。這種轉變有著強大的力量，讓經濟中的價值交換更加透明、更可持續。但是，這種轉變卻為解決如下問題增添了困難：我們該如何定義所有權？如何管理並參與無窮無盡的內容？如何與那些大規模提供上述服務並日益強大的平台互動？世界經濟論壇透過「產業數位轉型」這個活動，重點介紹了許多旨在把握第四次工業革命機遇的商業和營運模式，上述「以客戶為中心」的概念便是其中一種。就像奈斯派索咖啡機（Nespresso）[8] 這類支

編注[8] 奈斯派索為雀巢公司的膠囊式咖啡機及相關產品的品牌。

援這種模式的企業始終把重點放在一線的流程上，讓員工把客戶放在第一位。有些企業則通過節儉創新，利用數位、實體和人才三個層面互動所賦予的機會，打造新型的商業模式。米其林就採取這種方式打造新型優化模式，在降低成本的情況下為客戶提供優質服務。

數據驅動的商業模式因為能夠在更大的範圍內獲取有價值的客戶資訊，所以能夠創造新的收入來源，而且為了獲取有價值的資訊，這些商業模式都日益依賴於數據分析和智慧軟體。「開放而流動」型的企業就把自己定位成一個流動的價值創造生態系統的一部分，而「天網」型公司則專注於自動化，常見於危險行業和地點。另外，還有很多公司愈來愈傾向以不同於過去的商業模式運作，也就是採用新技術提高能源和材料的利用效率，從而保護資源、降低成本，並對環境產生積極影響（參見專欄 3–2）。

這些變革意味著企業需要對網路和數據安全系統進行大幅投資，如此才能避免被犯罪者和激進主義分子干擾，並防止數位基礎設施出現意外失靈。據估計，網路攻擊已使企業造成的損失高達 5000 億美元。Sony 影視、目標百貨（Target）、巴克萊銀行和 Talk Talk[9] 等企業的經歷說明了，如果無法掌握企業和客戶的敏感性資料，

企業的股價將會受到非常大的負面影響。因此，美林預計網路安全市場規模將從 2015 年的 750 億美元上升至 2020 年的 1700 億美元（增長超過一倍），這意味著在未來 5 年，這個行業的年增長率將會超過 15%。[38]

隨著新營運模式的出現，我們必須從新的技能要求以及如何吸引和留住合適人才的角度，重新思考人才和文化的問題。在各行各業的決策和營運模式中，數據發揮著關鍵作用，因此，就業人員需要掌握新的技能，同時企業的流程也必須升級（比如利用即時資訊），文化也要隨之進步。

如前所述，企業還要適應「人才主義」這個概念，這是企業提升競爭力最重要的新興動力之一。在當今這個時代，人才在戰略優勢中具有主導作用，企業需要從根本上重新思考自身的組織結構。企業成功的關鍵因素將包括：靈活的企業層級結構、評估和獎勵績效的新方式，以及吸引和留住人才的新策略。企業要想具有靈活性，不僅要確定企業的重點工作，管理好企業的實物資產，同樣也要激發員工的積極性，與員工保持良好溝通。

編注❾ Talk Talk 是英國提供付費電視、寬頻服務及行動網路服務的電信業者。

我認為，成功的企業將會逐步由層級制結構轉向更為網路化、更具協作性的模式。在員工和管理階層都渴望掌控事態、尋求獨立性和工作意義的共同願望驅使下，工作動機將更加內在化。這意味著企業將更傾向於分散式團隊、遠端工作者和具有互動性的集體創造，在持續不斷地相互交換資料和觀點下推進工作。

　　有一種新興的工作場景可以反映這種轉變，這種工作模式通過結合可穿戴技術和物聯網，讓企業逐步把數位與實體體驗融為一體，使員工和消費者都能從中受益。比如，如果工人操作複雜設備時遇到問題或面臨困境，就可以利用可穿戴設備幫助自己設計和維修部件。下載和更新互聯設備，可以確保在工作現場的工人以及他們使用的設備能夠應用最新的發展成果。

　　在第四次工業革命中，通過雲端升級軟體並更新數據資產的做法已經成為常態，因此人與技能的與時俱進也將更為重要。

如何成功顛覆一個行業：
數位、物理和生物領域的跨界整合

　　如果企業能夠將數位、物理和生物三個領域整合在一起，就可以成功顛覆整個行業以及相關的生產、分銷

和消費體系。Uber 之所以在許多城市受到追捧，正是源於它對客戶體驗的改善，也就是通過移動設備對車輛位置進行追蹤，並對車況進行介紹，提供方便的支付體驗，從而幫助客戶及時到達目的地。簡單說，Uber 改善客戶體驗的方式是，通過優化資產（司機擁有的車輛）的利用率，將體驗與實體產品（把一個人從 A 點送到 B 點）有效結合。在這種模式下，數位化的機會不僅僅轉化為更高的價格或更低的成本，還從根本上了改變了商業模式。這種模式從服務購買到服務提供的過程中皆採用了端到端的方法。

當企業利用數位資產，並以創新的方式整合現有數位平台，將其用來重塑它們與實體資產的關係時（一個明顯的特徵便是從所有權轉向使用權），這種模式就會產生顯著的顛覆效果。而這種基於整合的商業模式就充分反映了顛覆的程度。在這些模式所處的市場裡，企業不再擁有資產：司機對車輛持有所有權，並讓渡使用權；屋主讓渡房間的使用權。在這兩個案例中，企業的競爭優勢都基於優質的體驗，同時其交易成本和摩擦成本也更低。此外，這些企業能夠快速、便捷地媒合需求和供給，繞過了現有成熟企業的商業模式。

這些商業模式在逐步侵蝕現有企業的穩固地位，同

時也摧毀了產業之間的藩籬。許多企業高層主管都認為，在未來 3 到 5 年，產業集中將成為影響企業的主要力量。[39] 一旦某個客戶持續信任某個數位平台，那麼這個平台就很容易推出其他產品和服務。

快速崛起的競爭對手打破了傳統產業各自為政的局面，取消了現有企業與客戶之間的中間環節。相對於傳統企業而言，新的顛覆者可以以更低的成本快速擴張，通過網路效應在擴張過程中快速增加經濟回報。亞馬遜就是從一個書商壯大成為年銷售額突破 1000 億美元的零售巨頭。亞馬遜的成長顯示，企業只要建立客戶忠誠度，洞察客戶偏好，並具有強大執行力，就可以跨越多個產業銷售產品或服務。當然，亞馬遜的成長也充分說明了規模效益。

幾乎在所有行業，數位技術都為產品和服務的結合創造了全新的顛覆方式，並在此過程中破除了產業間的傳統界限。在汽車領域，車輛變成了車輪上的電腦，其電子元件占據了約 40% 的車輛成本。蘋果和 Google 都決定進入汽車產業，這顯示科技公司現在也可以轉型成為汽車公司。未來，隨著汽車價值逐步向電子技術轉移，比起生產汽車，技術與授權軟體將發揮更大的戰略性作用。

金融行業也在經歷同樣的顛覆性變革。P2P（點對點）平台拆除了準入壁壘，降低了成本。在投資領域，全新的「機器人理財顧問」（Robo-advisory）演算法及相應的移動應用，可以在遠低於傳統交易成本（相對於傳統2%的費用，它們只收取0.5%）的情況下提供諮詢服務和投資組合工具，威脅著金融行業的投資市場。金融行業也知道，區塊鏈技術將很快顛覆傳統營運方式，因為區塊鏈技術如果應用於金融，就可以把結算與交易成本降低200億美元，並改變產業的運作方式。共用資料庫技術還可以提高許多業務的效率，比如客戶帳戶資料儲存、跨境支付、貿易結算與清算。這個技術還可用於目前尚不存在的產品和服務，比如無須交易商參與就可以自動執行的智慧期貨合約（如果某個國家和企業違約，信貸衍生工具可以自動支付）。醫療產業也面臨著如何整合利用物理、生物和數位技術的挑戰。在新型診斷和治療方法不斷湧現的情況下，醫療產業也迫切需要讓病歷數位化，並充分利用從可穿戴設備和植入式技術中採集的大量資訊。並非所有行業都受到了同等程度的顛覆，但所有行業都在第四次工業革命力量的推動下，朝著變革的方向前進。因為各個產業的情況不同，其客戶群體的人口結構也千差萬別，所以變革的進展也不盡相同。但

是，在一個充滿不確定因素的時代裡，自我調整能力非常關鍵，如果企業故步自封，就可能會被市場淘汰。

企業要想生存和發展，就需要不斷強化創新優勢。所有產業和企業都將處於「優勝劣汰」的壓力之下，因此，「永遠在改進」（即不斷完善）的理念也會更加深入企業和人心。這也意味外部創業者和內部創業者（具有開拓精神的企業管理者）的人數將會繼續增加。在應對顛覆和創新時，中小企業有速度和靈活性的優勢。相反地，大型企業要想生存，就需要利用其規模優勢，通過收購小型創新企業或與它們合作，投資生態系統中的創業公司和中小企業。如此一來，它們就能繼續保持業務上的自主性，同時還能保證營運的效率和靈活度。比如，Google 最近就決定順應趨勢調整公司架構，成立控股公司 Alphabet⑩，此舉正是為了保持公司的創新精神和靈活度。

最後，如後面將提到的，研究人員、企業、公民是否願意開發、投資和利用新興技術及營運模式為使用者

編注⑩ Alphabet 是 Google 重組後的「傘型公司」（umbrella company）名稱，它採取控股公司結構，把旗下搜尋、YouTube、其他網路子公司與研發投資部門分離開來。

創造價值，監管和立法環境將產生非常重要的作用。儘管新技術和創新的商業模式可以提供新產品和新服務，改善許多人的生活，但是支援產品與服務的技術和系統也可能產生負面影響，比如會加劇前文介紹的大範圍失業和不平等現象，以及增加自動化武器系統危險性、新型網路風險等。

儘管人們對監管機構應該採取哪些組合措施有不同觀點，但在我與政界、商界和公民社會領袖的接觸中，他們都表達了這一相同觀點：監管和立法生態應該具備靈活性和責任感，既要鼓勵創新，也要把風險控制在最低水準，以確保社會的穩定和繁榮。

專欄 3-2 ｜ 環境修復與保護

物理、數位與生物世界的融合是第四次工業革命的核心內容，這樣的融合為節約資源、提高資源效率提供了巨大機遇。正如世界經濟論壇為推動全球向循環經濟轉型所開展的專案「Project Mainstream」所示，未來個人、組織和政府不僅有望減少自己對自然環境的影響，而且還很有可能利用技術和智慧系統設計來修復並重建

我們的自然環境。

　　要實現這個願景，關鍵是要改變企業和消費者「擷取―制造―廢棄」的線性資源使用模式，因為這種模式會消耗大量容易獲取的資源。企業和消費者應採取另一種新型的工業模式，在這種模式下，材料、能源、人工和資訊之間得以高效流動和互動，並共同推動建立一個可以修復、再生且更高效的經濟體系。

　　要實現這個願景，我們有四條路徑。首先，借助物聯網和智慧資產，我們現在可以追蹤材料和能源流動，在價值鏈全程大幅提高資源利用率。思科（Cisco）預計在未來 10 年，物聯網產生的經濟價值將達到 14.4 兆美元，而消除供應鏈和物流中的浪費以及改善這些流程，就會貢獻 2.7 兆美元。此外，到了 2020 年，基於物聯網的解決方案將會減少 91 億噸溫室氣體排放，相當於 2020 年預計排放總量的 16.5%。[40]

　　其次，數位化資產帶來的資訊民主化和透明化，讓公民擁有監督企業和國家的權力。區塊鏈這樣的技術也可以讓相關資訊更為可信，比如，針對土地出現的濫伐森林行為，就可以利用透過安全方式獲取的衛星監控資料，讓土地持有人承擔責任。日益透明的資訊和全新的資訊流動方式，更可以大幅改變公民的行為。在全新的

商業和社會規範下，選擇採行可永續的循環經濟所遇到的抵制將會最少。此外，經濟學與心理學的有效融合也可以讓我們深度了解人們對世界的理解方式、行為模式以及為自身行為的辯護方式。政府、企業和學校開展的大規模隨機控制性試驗，也證明這樣的融合是有效的。比如，OPower 公司採用「同伴施壓」方法，誘導人們減少電力消耗，在降低成本的同時保護環境。

最後，如前文所述，新型商業和組織模式可以對價值創造和共用帶來全新方式，這反過來也會改變整個系統，並由此為自然、經濟以及社會帶來積極影響。無人駕駛交通工具、共享經濟和租賃模式都大幅提高了資產的利用率。在適當的時候，這些模式還會為材料的獲取、重複利用和升級提供便利性。

第四次工業革命將會推動企業延長資產和資源的使用循環（use-cycle）時間，提高它們的利用率，並建立連續使用流程，方便材料和能源的回收再利用，同時減少過程中的排放和資源消耗。在這個革命性的全新工業體系中，二氧化碳會從一種汙染性的溫室氣體變成一種資產，而從經濟角度來看，碳捕捉與儲存也不再是成本和汙染彙集之地，而是成為可營利的生產設施。更重要的是，這樣的資源利用方式可以讓企業、政府和公民更

了解自然資本再生戰略的重要性，並積極參與再生戰略，透過更聰明且不斷重複使用自然資本的方式引導永續的生產和消費，並為瀕危地區恢復生物多樣性提供空間。

放眼國家和全球

第四次工業革命引發的顛覆性變革正使公共機構和組織重新調整運行方式，特別是迫使區域、國家和地方政府部門自我調整，找到與公眾、私營部門合作的新方式，而這也影響著國家與政府之間的關係。

我將在這章節分析政府應承擔何種責任，以掌控第四次工業革命，同時政府還必須意識到有哪些持久的力量正在改變我們對於政治人物的傳統看法以及在社會中所扮演的角色。隨著公民被賦予更多權力，社會分裂和兩極分化將愈加嚴重，政治體系也將隨之改變，使得政府治理難度增加，政府工作效率變低。這種變化尤其值得關注，因為政府現在應該與相關各界一起共同推動建立全新的科學、技術、經濟和社會架構。

政府生存之道：積極擁抱變革

　　若要評估第四次工業革命對政府帶來的影響，政府能否更有效地利用數位技術，以及提高治理水準至關重要。也就是政府必須更深入、更創新地應用網路技術改善公共管理結構，提高現代化水準和整體效果。此外，加強電子政務的推廣應用，也可以提高透明度、責任制，以及政府和公民的互動程度。同時，政府還必須進行自我調整，適應這樣的現實：權力正從國家向非國家行為體轉移，並從現有的體制向鬆散的網路轉移；新技術以及在新技術推動下產生的社群和互動正允許任何人發揮數年前不可想像的影響力。

　　這種權力本質上轉瞬即逝，對政府產生的影響最大。正如摩伊希斯‧奈姆（Moises Naim）所說的：「在21世紀，權力更容易獲得，卻更難行使，也更容易失去。」[41] 毋庸置疑，政府在治理上的難度比以前大大增加。除了少數幾個例外，政策制定者將愈來愈難以對變革施加影響。這是因為他們受到來自國際、區域、當地，甚至個人等其他權力中心的牽制。這種「微觀權力」足以對政府這類「宏觀權力」形成制約。

　　進入數位時代後，很多維護公共權力的壁壘已被打

破，導致政府部門的效力和效率降低，這是因為其治理的對象，也就是公眾可以獲得更多資訊，且對政府的期望值也更高。通過維基解密，很多微小的非國家個體可與超級大國開展對抗，這體現了新權力格局的不對稱性以及隨之而來的公信力喪失。

要全面、詳盡地闡述第四次工業革命對政府的影響，可以專門寫一本書，但其中最關鍵的一點是：技術將提供一種全新方式，讓公眾可以表達自己的觀點、協調彼此的行動，在有可能繞開政府的監管之下。我之所以說「有可能」，是因為與此相反的情況也可能發生，也就是隨著新的監控技術的發明和應用，公共權力將無處不在。

平行的架構使公眾得以傳播理念、招募追隨者、協調行動對抗政府。當前，隨著新技術帶來的競爭加劇、權力的下放和再分配，政府現有的型態將不得不產生改變，以執行政策為核心的功能將逐步弱化。政府將被看做公共服務中心，接受公眾檢驗能否以最有效、最個性化的方式提供更廣泛的服務。

總而言之，政府進行自我調整的能力將決定它能否繼續存在。如果政府積極適應當今飛速變革的時代，使組織結構更透明和有效率，政府就具備了競爭力，得以

繼續存在。然而，在這個過程中，政府的型態將徹底被改變，變得更緊湊、更高效，得不斷適應競爭更為激烈的新環境。

與歷次的工業革命一樣，監管將對技術的適應性和傳播力發揮至關重要的作用。只是政府制定、修改和執行規則的方式不得不改變。在「舊世界」裡，決策者有足夠時間研究某一特定事物，做出必要反應，或是建立合適的監管框架。整個過程是線性的、機械化的，是一個自上而下的嚴格過程。但出於種種原因，過去的做法已經不適用於現在了。

第四次工業革命所引發的變革極為迅猛，使得監管者面臨前所未有的挑戰。各類突發事件讓政治、立法和監管機構應接不暇，一方面難以應付飛速發展的技術變革，一方面也無法掌握隨之而來的影響及含義。此外，日夜不息的全天候新聞報導給所有領導人帶來極大壓力，要求他們必須立即對突發事件進行評論和反應，導致他們沒有足夠時間權衡利弊，做出符合原則、精準周全的反應。這使得事態失控的危險性大大提高，特別是當今世界有近 200 個獨立國家、數千種不同的文化和語言共存，這種危險更加無法避免。

面對這種情況，政策制定者和監管者該如何既不拘

殺創新，支援技術發展，又保障消費者和大多數公眾的利益呢？靈活治理就是最好的應對之策（參見專欄3-3）。

目前大多數的技術進步並未在現有的監管框架中得以合理規範，有的甚至顛覆了政府和公眾長期以來建立的社會契約關係。靈活治理的意義則在於，監管者必須想辦法持續適應快速變化的新環境，重塑自我，加深對治理對象的了解。為此，政府及監管機構需要與商界和公民社會加強協作，共同推進全球、地區和產業的變革。

靈活治理並不意味監管的不確定性，也不是指政策制定者無休止地瘋狂工作。我們不應錯誤地認為，我們陷入了兩種都不盡人意的立法框架這樣兩難的選擇，也就是要麼穩定、但不合時宜，要麼符合當下、卻變化無常。第四次工業革命並不一定需要決策者更快地制定更多政策，而是更需要建立抗風險力更強的監管體系和立法體系。在制定重要決策的過程中，更大的決策空間和穩定性可以提高治理的靈活度。而實現靈活治理需要應對的挑戰是，決策的有效性必須大幅提高，同時具有前瞻性，從而為創新提供最大的空間。

總而言之，在當今世界，必要的公共功能、社會交流和個人資訊都匯集在數位化平台上。政府需要通過與

商界和公民社會開展合作，共同制定規則，並且不斷檢驗修訂和平衡各方利益，以維持社會的正義、競爭力、公平性、智慧財產權、安全性和可靠性。

從概念上來講，制定規則有兩種思路：一是所有未被明令禁止的都是允許的；二是所有未被明確允許的都是禁止的。政府的工作思路應該是這二者兼而有之。政府需要學會合作與適應變化，從而保證所有決策都以人為本。第四次工業革命使政府面對一個前所未有的重要挑戰，即政府必須在把風險最小化的同時，讓創新蓬勃發展。

為了達到這一目的，政府需要更有效地吸引公眾參與，廣泛推行可進行學習和調整的政策試驗。這兩方面的任務都能促使政府和公眾重新思考各自的角色和互動方式。同時，他們還要承認並理解進行多角度思維的必要性，容許在這個過程中出現失敗和失誤。

專欄 3–3 ｜ 變革時代的靈活治理原則

就業市場

數位技術和全球通訊基礎設施飛速發展，使傳統意義上的就業和支付活動發生了重大變革，很多新職業也應運而生。這些職業高度靈活，存在時間短（所謂的共用經濟）。彈性工作的可能，引發了就業市場新一輪的創新，但同時也引起人們對工作保障度降低的擔憂，因為在共享經濟中，每位工作者本質上將成為契約工作者，不再享受職業保障，也不能按工作年限獲得相應收益。

貨幣和稅收

共享經濟同時也引發了稅收問題。對於短期從業者來說，進入黑市交易更容易，誘惑力也更大。同時，數位化的支付系統也使交易和微型交易更加透明，加上新的分散付款方式出現，使得公共機構和私人行業更難追蹤交易的源頭和目的地。

責任和保護

　　政府許可的壟斷性行業（如計程車行業、醫藥行業）之所以長期合理地存在，是因為這些行業有高風險的職業特性和高標準的審核要求。只有從業者獲得政府頒發的職業許可證，才能確保安全，保護消費者。然而，技術進步已使人們可以進行點對點的平等互動，同時新型媒介的出現也能夠協調並推動這種互動行為，從而打破許多政府許可的壟斷行業。

安全和隱私

　　儘管網路有跨越國境的特點，全球經濟也在不斷增長，但數據產權和數據保護的相關規定仍呈現碎片化，亟待協調統一。雖然歐洲已制定了數據獲取、處理和個人數據出售等行為的相關規定，但在其他許多司法領域，相關規定仍然很欠缺，甚至完全缺乏。大數據的集成使大型網上營運商可以根據網路用戶提供的內容（直接或間接內容）導出更多資訊。通過大數據分析和推理技術導出的用戶特徵為更具針對性的個性化服務打開了大門。它一方面可使網路使用者和消費者獲益，另一方面卻引起人們對用戶隱私權和個人自主權等重大問題的

關注。在網路犯罪和身分盜竊愈加受到關注下，很多執法監管機構在權衡監控和自由後，往往更傾向於加強監控。美國情報分析員愛德華‧史諾登（Edward Snowden）洩露了美國國家安全行動的檔案，就是最好的例證。

可用性和包容性

隨著全球經濟愈來愈電子化，穩定的網路基礎設施就成為經濟繁榮的先決條件。政府需要了解技術進步所能引發的潛力。不僅要利用這些技術優化內部營運，也要推廣和支持網路大範圍的配備及使用，以建立全球互聯的資訊社會。此外，數位排斥（或數位分裂）問題也亟待解決，這是由於人們無法上網、網路不能實現互聯，或不具備足夠的聯網知識而愈來愈難以參與數位經濟或很多新形式的公民活動。

權力不對稱

在當今資訊社會，資訊不對稱將導致權力嚴重不對稱，因為任何人只要掌握了知識就擁有了權力。擁有 root 權限（Linux 系統下的系統級帳號）的組織幾乎無所不能。然而，鑒於現代技術專業性強、潛力大，全面掌

握起來極其複雜，那些理解、掌握並精通這些技術的人，和對技術不熟悉、不理解的被動用戶之間可能會形成愈來愈大的鴻溝。（資料來源：〈在變革時代呼籲靈活治理原則〉，世界經濟論壇全球議程理事會「軟體與社會的未來」議題組，2015 年 11 月。）

國家、地區和城市的新角色

數位技術是無國界的。技術產生的地域性影響，以及地域對技術的影響可以引發很多思考。在第四次工業革命中，國家、地區和城市各自將扮演什麼樣的角色？西歐和美國是否會像前幾次工業革命一樣引領變革？哪些國家會實現跳躍性發展？為了改善社會狀態，是否會出現更好、更有效的合作方式？又或者，我們會目睹不僅國家之間隔閡加深，甚至國家內部出現分崩離析嗎？當今世界，商品和服務幾乎可以在任何地方產生，低端技術需求和低工資水準的職業將大量被自動化技術替代，那些有足夠支付能力的人會不會聚集在一些體制強大、生活品質高的國家？

推動創新的規則

為了回答這些問題，明確且重要的一點是，那些在新數位經濟（5G 通訊、商用無人機的使用、物聯網、數位醫療、先進製造等）的主要領域成功建立面向未來的國際準則的國家和地區將獲得巨大的經濟和財政收益。相比之下，那些推行自己的規則以使國內生產者受益，阻礙國際競爭，減少國內企業支付外國技術專利使用費的國家，必定會面臨被全球標準孤立，成為新興數位經濟落後者。[42]

如前文所述，國家及地區範圍內的立法和執法對於建立一個有利於變革型企業營運的商業生態系統至關重要。有時，一個國家可以通過立法實行鎖國政策。典型案例之一就是 2015 年 10 月歐洲法院（ECJ）做出判決，認定歐美關於自動交換數據的「安全港協議」無效，美國與歐盟國家之間傳輸個人網路數據屬於違法。此項判決無疑增加了企業在歐洲經營活動的合規成本，並成為一個具有跨國爭議的問題。

這個案例進一步證明了創新生態體系是競爭力的重要推動因素。在未來，高成本和低成本國家之間，以及新興市場與成熟市場之間的區別將愈來愈不重要。取而

代之的將是，經濟體是否具有創新能力，這將成為一國成敗的關鍵。

舉例來說，當前從任何角度來講，北美企業在創新領域一直處於世界領先地位。他們吸引最高端的人才，獲得最多的專利，掌握著世界大部分創業投資，一上市即享受高額企業價值。北美領先世界創新的另一個證據是，始終處於以下四種協同性技術革命的前端：能源生產領域的技術導向型創新、先進製造和數位製造、生命科學及資訊技術。

北美和歐盟擁有世界上最具創新能力的經濟體，引領著世界創新發展。同時，世界其他地區也在快速追趕。比如，對中國在創新領域的綜合表現的預測資料顯示，中國已隨著經濟增長模式更重視創新和服務，2015年中國的創新能力已經達到歐盟水準的 49%（2006 年為 35%）。[43] 雖然中國的創新進程起點相對較低，卻已逐漸進入全球化生產中的高附加價值領域，並正在運用其舉足輕重的規模經濟優勢快速地參與全球競爭。[44]

總而言之，這表示政策選擇將決定一些國家或地區能否充分利用技術革命帶來的機遇。

地區和城市成為創新中心

我特別關注自動化未來會對部分國家和地區造成的影響，特別是那些高成長市場和發展中國家。這些國家原有的比較優勢是提供勞動密集型商品和服務，但這些優勢會被自動化迅速削弱。這對那些當前經濟正蓬勃發展的國家將產生毀滅性的打擊。

如果一個國家或地區的城市（創新生態體系）沒有得到持續發展，這個國家或地區顯然也不會呈現繁榮景象。縱觀歷史，城市是經濟成長、繁榮和社會進步的發動機，對於國家和地區未來保持競爭力非常重要。如今，世界有超過半數的人口生活在大中型城市，城市居民的數量還在不斷增長。很多影響國家和地區競爭力的因素，比如創新和教育、基礎設施和公共管理等，都屬於城市的範疇。

在靈活治理政策的框架下，城市吸納與採用技術的速度和廣度決定了城市吸引人才的競爭力。一個城市若擁有極速寬頻，並在交通系統、能源消費、廢物處理等領域採用數位技術，就會更具效率、更適宜居住，也就比其他城市更具有吸引力。

因此，世界各地的城市和國家都應集中力量，積極

發展並利用第四次工業革命依託的資訊和通訊技術。但不幸的是，正如世界經濟論壇的《2015年全球資訊技術報告》所指出，資訊通訊技術的基礎設施既不普及，傳播速度也不盡人意。「世界有一半人口尚未使用行動電話，4.5億人的生活區域不在移動訊號覆蓋的範圍內；低收入國家中約90%（全球逾60%）的人仍不能上網；大部分行動電話應用的是上一代移動技術。」[45]

所以，政府必須大力縮小處於不同發展階段的各個國家的數位鴻溝，以確保城市和國家具有必要的基礎設施，能夠通過建立新的合作模式，提升效率，鼓勵創業，從而創造經濟發展機遇，實現社會共同繁榮。

世界經濟論壇關於資料驅動發展的研究還強調，僅靠數位基礎設施還不足以把握機遇。還有一個關鍵點是要解決許多國家的「數據赤字」問題，尤其是在南半球一些國家，數據生成、採集、傳輸和使用的方式都受到限制，解決這一問題也至關重要。解決數據赤字問題，即縮小數據的生成、獲取、管理和使用這四方面的差距，才能賦予國家、地區或城市各種能力，比如追蹤傳染疾病的爆發、更有效地應對自然災害、為貧困人口提供更好的公共和金融服務，以及更清楚地了解弱勢人口的流動模式。[46]各個國家、地區和城市通過數位技術可以

做的不單只是改變監管環境。他們可以積極投資推動數位轉型，以吸引和鼓勵創新企業的創業者和投資者，同時確保現有的企業進行調整，以把握第四次工業革命帶來的機會。隨著充滿活力的年輕企業和具備實力的成熟企業，以及與公眾和大學之間建立聯繫，城市就會成為地區性及全球性的創新試驗基地和動力中心，將新想法切實轉變為商業價值。

根據英國創新慈善機構「國家科技藝術基金會」的研究，政策環境最有助於推動創新的全球前五大城市分別是：紐約、倫敦、赫爾辛基、巴賽隆納和阿姆斯特丹。[47]該基金會的相關研究還顯示，這些城市極其成功地在官方政策框架之外以創新的方式實施變革，對新事物持開放態度，有如企業家一般（而不是官僚）。正是這三個標準造就了當今世界創新城市的典範，它們同樣也適用於新興市場和發展中國家。2013 年，哥倫比亞的麥德林市憑借它對交通和環境在永續議題上的創新，擊敗了另外兩個入圍城市——紐約和特拉維夫，獲得了「年度城市」的殊榮。[48]

2015 年 10 月，世界經濟論壇全球議程理事會「城市的未來」議題組發表了一份報告，介紹了世界多個城市積極採用創新方案解決各類問題的案例（參見專欄

3–4）。[49] 這份報告指出，第四次工業革命的獨特之處在於，它是由全球（網絡主導的）智慧型城市、國家和地區所集體共同推動形成的。這個全球性網路善於利用這次革命的機遇，從全面、整體的角度出發，以自上而下和自下而上的雙向方式推動革命發展。

專欄 3–4 | 城市創新

- 透過數位改編程式技術創造空間：建築物能夠在不同功能之間迅速切換，如劇院、體育館、社團中心、夜總會等，從而將城市占用的整體空間降至最低，使城市以更少的投入獲得更多功能。

- 「水網」：即管道互聯網，在水務系統中裝入感應器，監控水流，從而管理整個水迴圈，為人類和生態需求提供持續性供水。

- 通過社交網路認養樹木：研究顯示，城市的綠化面積若增加 10%，可抵消氣候變化造成的溫度上升。因為植被有助於阻擋短波輻射和水分蒸發，可以冷卻周圍空氣

並創造更舒適的微氣候；樹冠和植物根系也能減少雨水逕流，平衡營養鹽負荷。

- 下一代的移動：感測器、光學技術和嵌入式處理器的發展，提高了行人及非機動交通工具的安全性，從而得以更廣泛採用公共交通，減少交通堵塞，降低汙染。如此一來，就能讓公眾更健康，出門更便捷，更可掌控時間，降低交通成本。

- 汽電共生、聯合供暖和聯合製冷：汽電共生機械系統能夠回收利用餘熱，大幅提高能源利用效率。冷熱電三生系統利用發電餘熱，既可以為建築供暖，也可以通過吸收製冷技術為建築物製冷，例如可為大量使用電腦的辦公大樓製冷。

- 按需出門：數位技術能夠提供即時資訊，對城市交通基礎設施提供前所未有的監控，使交通效率更高，並通過動態優化演算法，為未使用的運輸在開發和運用上提供了可能性。

- 智能路燈：下一代 LED（發光二極體）路燈可以做為

一系列感應技術的設備平台，用來採集天氣、汙染、地震活動、交通情況、人流以及雜訊和空氣汙染等資料。通過將這些智能路燈連成網路，將可以即時掌握城市的運轉狀況，提供諸如公共安全、掌握可用停車位等創新解決方案。（資料來源：「十大城市創新」，世界經濟論壇全球議程理事會「城市的未來」議題組，2015年10月。）

空前的國際安全問題

第四次工業革命將對國家關係和國際安全產生深遠影響。我之所以在這一部分專門闡述這個問題，是因為我感到在所有與第四次工業革命相關的重要轉變中，安全問題並未得到深入的討論，無論是在公共領域，還是其他領域（除政府部門和國防部門以外）都是如此。

目前世界面臨最大的危險之一是世界高度互聯且不平等不斷加劇，這可能導致日益嚴重的社會分化、種族隔離和社會動盪，從而滋生極端暴力行為。第四次工業革命將改變安全威脅的特徵，同時也影響著權力的交替。權力不僅在地域之間出現變更，也在從國家主體向

非國家主體轉移。在地緣政治日益複雜的地區，面對具有武裝力量的非國家主體的崛起，建立共同的合作平台，以維護國際安全是極其關鍵又嚴峻的挑戰。

互聯互通、社會分化和社會動盪

我們生活在一個高度互聯的世界，資訊、想法和人的流動速度都高於以往，不平等也在不斷加劇，並且這種不平等現象會隨著勞動力市場的巨大變化而進一步惡化（如前文所述）。不斷加劇的反社會現象、人類在現代社會中難以找到生活意義以及對既有精英階層和社會結構的失望，無論這些是人們的感覺，還是真實的存在，都已經激起極端主義萌芽，促使他們吸納人員，試圖暴力對抗現有體制（參見專欄 3–5）。

高度互聯並不會必然導致社會的容忍度提高或適應性增強，例如許多人對 2015 年人類史無前例的悲劇性遷移的態度就是例證。然而，高度互聯也有可能增進人們對差異的理解和接受程度，並由此實現求同存異，這有助於促進不同群體的人走到一起，而不是分道揚鑣。如果我們不朝著這個方向努力，就會導致更為嚴重的社會分化。

專欄 3-5 ｜ 流動性與第四次工業革命

　　人類在全世界實現自由流動，這既是一個重大現象，也是財富的巨大推動力。第四次工業革命將對人類的流動產生何種影響？現在定論也許尚早，但通過分析當前的趨勢，可以看出在未來的經濟和社會中，人類流動行為將比以往發揮更為重要的作用。

• 實現人生願望：隨著互聯程度加深，我們對其他國家的事件和機遇的認知度會不斷提高，日益將人的流動性視為在人生某一個時期必須做出的人生抉擇，對於年輕人來說尤其如此。雖然每個人的動機大不相同，有的為就業謀生，有的渴望讀書，有的為尋求庇護，有的期待與家人團聚，但都更願意向遠方找尋解決方法。

• 重新定義個人身分：過去我們通常依據地點、種族、文化，甚至語言來定義自己的身分。隨著網路互動的出現，以及人們更常接觸其他文化的資訊，個人身分將比以往更容易改變。現在的人更願意擁有並管理多重身分。

- 重新定義家庭身分：在人類遷移模式和低成本互聯的共同作用下，家庭結構也被重新定義了。家庭成員不再受空間限制，即使遠跨國界也可以經常通過數位技術對話。傳統的家庭單位正在逐漸被跨國家庭所取代。

- 勞動力市場的重新布局：勞動力的流動有可能會改變國內勞動力市場，對一個國家產生積極或消極影響。發展中國家的勞動力一方面是一個人力資源庫，各級技術水準的勞動力可以滿足已發開國家的需求缺口。人才流動是創造力、產業創新和工作效率的推動力。但是另一方面，如果管理不力，便會在接收移民的國家造成工資分配不合理和社會動盪，使移民的母國喪失寶貴的人力資本。

　　數位革命為通訊和人類流動帶來了新的機遇，彌補了實體「移動」的不足。第四次工業革命也將產生類似的影響，因為物理、數位和生物世界的融合會不斷突破時間和空間的局限，有助於人類流動性的增強。因此，這次革命面臨的挑戰之一在於管理好人類的流動行為，以確保充分獲得人類流動所帶來的益處。

　　要實現這一目標，就應將國家的主權和義務與個人

衝突的性質正發生改變

第四次工業革命不但將會改變衝突規模，也將改變
衝突的特點。戰爭與和平、戰鬥者與非戰鬥者之間的界
限將變得愈來愈模糊。同樣地，戰場也愈來愈具有當地
語系化和全球化的性質。例如，「伊斯蘭國」這樣的恐怖
組織雖然主要在中東地區活動，但卻通過社交媒體從 100
多個國家招募成員，恐怖攻擊也因此可以遍及全球。現
代衝突的性質變得愈加複雜多樣，既包含傳統的戰爭技
巧，也帶有舊時代非政府武裝力量的特徵。然而，隨著
科技發展與軍備技術日益不可思議地結合在一起，政府
武裝力量與非政府武裝力量之間相互借鑒，隨之而來的
改變程度將難以預料。

在這個過程中，第四次工業革命將使人們更容易獲
取新型的致命技術，從而採取更多手段對他人造成嚴重
傷害。當人們意識到這一點後也會產生更強烈的不安感。

我們不必徹底悲觀失望。科技發展同樣有助於在戰爭中實現精準打擊，有利於研製精密且尖端的戰爭防護設備，還可以在戰場上利用列印技術製造核心零件等。

網路戰爭

網路戰爭是當前我們面臨最嚴峻的威脅之一。過去，戰爭發生在陸地、海洋和空中。而現在，網路空間也已經成為戰爭的場所。我可以有把握地假設未來如果衝突雙方都處在較先進的水準，那麼衝突不一定發生在現實世界中，極有可能在網路上。原因很簡單，攻擊者將無法抗拒破壞或直接摧毀敵人的感測器、通信設備和決策能力的誘惑。

這樣一來，不但戰爭的門檻降低了，戰爭與和平的界限也模糊了，因為任何網路或互聯設備，從軍事系統到民用設施，如能源、電網、醫療、交通管控和供水系統等，都會成為網路入侵和攻擊的對象。敵人的概念也發生了變化。與過去不同的是，你可能不知道受到誰的攻擊，甚至你很可能根本察覺不到被襲擊了。在過去，國防、軍隊和國家安全戰略主要集中對付少數傳統敵對國家。但現在，難以分辨的駭客、恐怖分子、激進分子、罪犯以及其他可能的對手將難以計數。

而網路戰爭的形式也有各式各樣，既可以是犯罪行為、間諜活動，也可以是像蠕蟲病毒一樣地破壞網路。網路攻擊是新事物，難以應對，因此經常被低估和誤判。

　　2008 年之後，發生了多起針對某些國家和企業的網路攻擊事件。但當前對於這種新時代戰爭的討論仍處於初級階段，而精通網絡戰爭的高端技術者，與制定網路政策的人之間的距離又日益拉大，以後是否會針對網路戰爭制定一套類似於核武和生化武器的共同準則，還有待論證。現在，我們對於網路攻擊的定義、合理的應對措施，以及應該由誰以何種方式應對，都還沒有明確的界定。應對這種情況的其中一種方法，就是明確界定跨國傳輸的資料類型。因此，在互聯性增強的世界，我們一方面要努力不影響由此帶來的積極成果，一方面還要有效管控跨國網路交易。

自動化戰爭

　　自動化戰爭包括了部署軍隊機器人和自動控制武器裝備，這些都為「機器人戰爭」揭開了序幕，它將改變未來衝突的方式。隨著愈來愈多的國家和企業發射衛星，使用無人水下設備破壞光纖電纜，干擾衛星運行，海底和宇宙空間也可能愈來愈軍事化。一些犯罪集團已

經在使用四角直升無人機跟蹤，並攻擊對手。此外，具有自動識別目標和自動射擊能力的自動化武器也開始被運用在戰爭中，這些都將對戰爭法則提出現實挑戰。

專欄 3-6 ｜ 新興技術正改變國際安全

- **無人機**：無人機實際上就是會飛的機器人。目前，美國處在無人機技術的領先地位。無人機技術正在廣泛使用，價格也會愈來愈低廉。

- **自動化武器**：無人機技術與人工智慧的結合有可能使武器實現無人操控，可以根據預設標準，自主選擇目標，加以攻擊。

- **太空軍事化**：當前使用的衛星中有一半以上是商用衛星，但這些繞軌道運行的通訊設備已愈來愈廣泛地用於軍事目的。新一代超音速「滑翔」武器進一步提高了太空日後成為衝突戰場的可能性，使人擔心當前用於規範太空活動的體制和機制將不合時宜。

- **可穿戴設備**：可穿戴設備可改善人在極端壓力下的身體狀態，或通過外骨骼這類裝備提升作戰人員的表現，讓他們可以毫不費力地負重 90 公斤。

- **增材製造**：增材製造可實現替換零件的數位傳輸設計、因地選材和現場製造，這也將引發供應鏈革命。由於這項技術可以更精確地控制微粒的大小和引爆，也可以用於研發新型導彈彈頭。

- **可再生能源**：有助於實現當地語系化發電，改革供應鏈，提升按需發電的能力，甚至在偏遠地區也可實現。

- **奈米技術**：奈米技術正被廣泛應用於製做超常材料和智慧材料，這些材料具備了天然材料所欠缺的特性。奈米技術可以優化武器裝備，使其更輕便、更靈活、更智慧，也更精準，甚至可以自行複製和組裝。

- **生物武器**：生物戰的歷史幾乎與人類戰爭的歷史一樣長，但是生物技術、遺傳學和基因學的快速進步預示了高度致命的新型武器即將出現。空氣傳播病毒、改造超級細菌、轉基因瘟疫等都可能招致世界末日的來臨。

- **生化武器**：和生化武器一樣，這項領域科技創新的發展使得組裝此類武器幾乎已經簡易到可自助完成。而無人機可用來投放生化武器。

- **社交媒體**：雖然數位媒介可為正當事業提供傳播資訊、組織活動的新機遇，但同樣也可被用來傳播不良內容，進行惡意煽動。像「伊斯蘭國」這樣的極端恐怖組織主要就是通過社交媒體招募追隨者，部署行動。年輕人是易受影響的群體，特別是缺乏社會穩定支持的年輕人更容易被蠱惑。

　　專欄3–6中描述的很多技術都已經存在或開始運用。比如，三星公司製造的 SGR-A1 機器人配備了兩支機關槍和一支橡皮子彈槍，現在朝韓非軍事區的邊界崗哨服役。雖然它們目前是人為操控，但經過程式設計後便可自動識別，鎖定目標人物。

　　2015 年，英國國防部和 BAE 系統公司宣布「雷神」（Taranis）無人機（又稱「猛禽」飛機）試飛成功。這款飛機可以在無人操控的情況下起飛、到達預定目的地，並鎖定預設目標。這類發明還有很多。[50] 而這些新興技術

共同作用將使效應擴大，在地緣政治、軍事戰略戰術、法規和道德等交叉領域引發重大問題。

全球安全領域的新發展

我在本書中曾多次強調，我們對於新技術的無窮潛力和未來的想像是極為有限的。對全球安全和國家安全也是如此。每一項創新除了有積極的功用之外，也都可能有黑暗的一面。以神經技術為例，神經假體學已經進行了臨床應用，未來還可能用於軍事目的。將電腦系統與腦組織相連，就可以讓殘疾人士控制機械手臂或機械腿，或是指揮仿生飛行員或士兵。而用於治療阿茲海默症的人腦儀器也可以移植給士兵，用於消除記憶，產生新記憶。「現在的問題不是非國家主體或人員是否會採用神經技術，而是何時採用以及採用哪些技術的問題。」喬治城大學醫療中心的認知神經學家詹姆斯・佐丹奴（James Giordano）表示，「大腦將是人類的下一個戰場。」[51] 這些創新成果多數都可以為人所應用，且有時會不受監管，對全球產生重大影響。就當前的趨勢來看，以前只有政府和極其高端的組織才具備造成大規模傷害的能力，而現在這種能力正迅速廣泛地大眾化。從 3D 列印武器到家庭基因工程實驗室，大量新興技術製造的破

壞性工具已愈來愈容易獲得。隨著這些技術的普及，難以預知的力量隨之應運而生，挑戰現有的法律和道德框架，這也正是本書要探討的關鍵主題。

建立一個更安全的世界

面對這些挑戰，我們應該如何說服人們重視新興技術引發的安全威脅？更重要的是，我們能否促使公共部門和私營部門開展世界範圍的合作，共同應對這些威脅？

20 世紀下半葉，人們對核戰的恐懼逐步被相對穩定的「相互保證毀滅」戰略 ❶ 所取代。「核禁忌」似乎也隨之出現。如果「相互保證毀滅」戰略的邏輯奏效，這是因為僅有少數集團擁有完全摧毀對方的能力，而且又處於相互制約的平衡狀態。但是，一旦具有潛在致命性的主體大幅增多的話，這種平衡狀態就會被打破。這就是為什麼擁有核武的國家同意合作，將所謂的核俱樂部控制在較小規模，並於 20 世紀 60 年代後期談判簽訂了「不擴散核武器條約」。

編注❶「相互保證毀滅」戰略為美國核戰略的一種，是靈活反應戰略的組成部分。

在談判過程中，蘇聯和美國雖然對很多條款存在不同意見，但它們都清楚知道，雙方都處於可被對方攻擊的狀態才是自我保護的最佳手段。其後制定的「反彈道飛彈條約」有效地限制了對導彈發射核子武器採取防禦措施的權利。當破壞力不再只限於少數幾個在防止對抗升級方面具有相似資源、戰術和利益的組織時，「相互保證毀滅」戰略也就沒有什麼意義了。

第四次工業革命帶來的改變能否讓我們建立其他類似的平衡，由易受攻擊的狀態轉變為穩定安全？唯有視角不同、利害關係不同的主體必須達成暫時妥協，進行合作，才能避免負面效應的擴散。

利益關係者必須合作，建立具有法律約束力的框架，以及以平等關係為基礎的自我約束力準則、道德標準和機制，才能一方面控制具有潛在破壞力的新興技術，一方面又不阻礙創新型研究和經濟增長。

因此，全球必須制定相關的國際條約，但由於技術發展速度快、影響力廣，條約制定者會發現自己總是落後於技術進步。因此，必須與教育工作者進行對話，商討第四次工業革命的道德標準，建立共同的準則，將它們根植於社會和文化中。如果政府和行政機構落後於監管的對象，就應由私營部門和非國有主體發揮帶頭作用。

不難理解，軍事部門和新型戰爭技術是相對孤立的產業。但更令人擔心的是如基因醫學和研究也可能成為被孤立且高度專業的領域，從而削弱我們集體討論、了解以及應對挑戰和機遇的能力。

前所未有的社會變革

人們在各種不同背景下相互交流思想、價值觀、興趣和社會準則，才實現了科學進步、商業發展和創新普及這些社會進步。因此，目前很難看出新技術體系將對社會造成的全面影響，因為這些社會的構成元素彼此交織，而它們又共同催生了很多創新。

大多數社會都面臨著一個重大挑戰，即如何在吸收和適應現代新事物的同時，又不摒棄傳統價值體系的優點。第四次工業革命考驗著我們諸多的基本認知，其中以下兩類群體間本就緊張的關係極有可能會更加惡化：一類是維護自我基本價值觀的虔誠宗教群體；另一類則是具有更世俗化的世界觀和信仰的群體。我們在維持全球合作與穩定上面臨的最大威脅也許來自極端組織，因他們會採取基於意識型態的極端暴力行為阻止進步。

正如南加州大學安納伯格傳播及新聞學院中專門研

究傳播技術與新聞的教授暨社會學家曼威‧柯司特（Manuel Castells）所說：「在發生重大技術變革的每一個時刻，所有人、企業、機構都能察覺到變革的深刻，但他們往往因為對其影響的無知而不知所措。」[52] 由於無知而不知所措的現象正是我們要避免的，特別是考慮到組成現代社會的各個群體是如何形成、發展以及相互關聯時更要注意。

前面我們討論了第四次工業革命對經濟、商業、地緣政治、國際安全、地區和城市帶來的不同影響，很清楚地了解這場新技術革命將給社會造成多重影響。在後文中，我將探討推動變革的兩種最主要力量：一是不平等現象可能加劇的情況將給中產階層帶來的巨大壓力；二是數位媒體對社群的形式和相互關係產生的巨大影響。

不平等問題與中產階層

在針對經濟和商業影響的討論中，我強調了某些結構性變化會使不平等現象加劇，而且會隨著第四次工業革命的到來日益惡化。機器人和電腦程式逐漸取代了勞動力資本，使投資活動（準確地說，在數位經濟中創業）的資金密集程度變低。同時，勞動力市場也會向有限的技術領域傾斜。全球互聯的數位化平台和市場正在給為

數不多的「明星」個人或企業提供巨額收益。在這樣的趨勢下，只有提出新想法、創建新商業模式、推出新產品和新服務的人才能在創新驅動的生態系統中勝出，而從事低技術含量工作的勞動力和普通資本將被淘汰。

正是因為這些動態因素的出現，許多人才會認為，技術是造成高收入國家大部分人的收入停滯，甚至減少的重要原因之一。當前，世界確實存在嚴重的不平等現象。根據瑞士信貸銀行發布的《2015 全球財富報告》，世界上有一半財富掌握在最富有的 1% 的人口手中，而「全世界較貧困的 50% 的人總共才擁有不到 1% 的全球財富」。[53] 經濟合作與發展組織（OECD）的相關報告指出，該組織成員國中最富有的 10% 的人平均收入大約是最貧困的 10% 的人收入的 9 倍。[54] 此外，大部分國家的不平等狀況還在加劇，即便是所有收入群體都實現了快速增長，而且貧困人口大幅減少的國家也不例外。例如，中國的吉尼係數就從 20 世紀 80 年代的 30 左右增加到 2010 年的 45 以上。[55]

不斷加劇的不平等不僅是令人擔憂的經濟問題，還是一個嚴峻的社會挑戰。在英國流行病學家凱特‧皮克特（Kate Pickett）與李察‧威金森（Richard Wilkinson）共同撰寫的《精神層面：為什麼愈平等使社會愈強大》

（*TheSpirit Level : Why Greater Equality Makes Societies Stronger*）中指出，有資料證明，不平等的社會其暴力現象、在押犯人、精神疾病患者和肥胖人口會更多，人的壽命不僅更短，信任程度也更低。他們的研究發現，在對平均收入進行調控後就會提高社會平等程度，從而使兒童身心健康狀況改善，壓力和吸毒現象減少，嬰兒死亡率降低。[56] 其他研究人員也發現，不平等現象愈嚴重，社會分化現象就會愈嚴重，兒童和年輕人的教育成果也會減少。[57]

雖然實驗資料尚不確定，但關於不平等愈嚴重就愈有可能導致社會動盪的恐懼確實廣泛存在。世界經濟論壇的《2016 年全球風險報告》中，提出了 29 項全球性風險和 13 個全球性趨勢，其中不斷拉大的收入差距、失業或不充分就業，以及嚴重的社會不穩定之間存在最為密切的關聯。所以接下來，我要討論的是，在高度互聯的世界中，人們有更高的期望值，如果人們感到取得成功或實現人生意義希望渺茫的話，重大的社會風險便會隨之而來。

如今，一份中產階層的工作不再能保證中產階層的生活水準。在過去的 20 年中，決定中產階層地位的四種傳統因素（教育、健康、養老金和房屋所有權）都敵不

過通貨膨脹這一項。在美國和英國，教育成本堪比奢侈品。在「贏者通吃」的市場經濟中，中產階層感到愈來愈力不從心，而這種經濟體制下所積累的民主不滿情緒和放任態度將使社會挑戰更加嚴峻。

社群影響

從更廣的社會角度來看，數位化最大（也最明顯）的影響之一就是出現了「以我為中心」的社會。在這個過程中，形成了個人主義、新型的從屬關係及社群。不同以往的是，現在屬於哪個社群多半是由個人的行為、價值取向和興趣所決定，而不只是由地理位置（當地社區）、職業和家庭來決定。

新型數位媒體是第四次工業革命的核心組成部分，對我們個人和集體構建的社會及社群產生著愈來愈大的推力。數位媒體以全新的方式將人們以「一對一」及「一對多」的形式聯繫起來，讓用戶得以超越時間和空間維繫友誼，組織興趣團體，讓志同道合的人得以突破社會和現實障礙建立聯繫。數位媒體的實用性、低成本和地理中立的特點也推動了社會、經濟、文化、政治、宗教和意識型態間更密切的互動。

網路數位媒體為很多人帶來了實質性的好處。它除

了提供資訊（比如，難民在逃離敘利亞時使用 Google 地圖和 Facebook 群組，不但可以策劃行程路線，還免於被人口販子剝削[58]）之外，還給個人提供了做為公民參與討論和決策過程的權利。

但不幸的是，第四次工業革命在向公民賦權的同時，也在損害公民的利益。世界經濟論壇《2016 年全球風險報告》中闡述了「公民被賦權和剝奪權利」的現象，也就是隨著政府、企業和利益群體採用新興技術，公民和社群被賦權的同時，也在被剝奪權利（參見專欄3-7）。

數位媒體具有的民主力量意味著它可以被非國家主體運用，特別是那些以惡意散播謠言、鼓動追隨者支持極端主義行動的群體。近年來「伊斯蘭國」及其他精通社交媒體的恐怖組織之所以能快速擴張，正是數位媒體發揮了重要的作用。

社交媒體的典型特徵是分享，但這一特性也暗藏危害，能夠扭曲決策，並給文明社會帶來風險。與我們直覺相反的是，雖然數位管道提供了很多媒介，但資訊來源反而會變得狹窄且單一，這正是麻省理工學院從事科技社會研究的教授、臨床心理學家雪莉・特克（Sherry Turkle）所稱的「沉默螺旋理論」。這是值得我們關注的

現象，因為我們在社交媒體上讀到並分享的內容會大大影響政治發展和社會決策。

專欄 3–7 ｜ 公民被賦權和剝奪權利

「公民被賦權和剝奪權利」描述了兩種相互作用的趨勢所形成的動態關係：一方面權利被擴大，另一方面權利被削弱。個體會覺得被技術變革授予了更多權利，因為他們在獲取資訊、進行溝通、組織活動上變得更容易，獲得更多參與公民生活的途徑與方法。但同時，個人、公民社會團體、社會組織和當地社區愈來愈深刻地感受到被投票、選舉等傳統的決策程序排除在外，失去有效參與的能力，影響力和發言權被支配機構忽視，在國家和地方治理中的權利日漸變小。

在極端情況下，政府或許會採用各種技術手段，壓制公民社會機構和個人組織企圖提高政府和企業的透明度和改革。已有證據顯示，有許多國家推出更多法律和法規來限制公民社會的獨立性和活動，公民社會的空間逐步被縮小。第四次工業革命促使很多與建立健康開放社會背道而馳的新型監控手段誕生。（資料來源：《2016

年全球風險報告》，世界經濟論壇。）

　　舉例來說，一項關於 Facebook 上「動員投票」影響力的研究指出：「網路傳播使投票者直接增加了約 6 萬人，通過社會傳播間接增加了 28 萬人，也就是使總共參與投票的人數增加了 34 萬。」[59] 這項研究凸顯了數位媒體平台對於影響大眾選擇，以及推廣網路媒介的威力。同時也顯示，可運用網路技術將傳統形式的公民活動（如選舉地區的和國家級的代表等）與創新方式結合的契機，賦予公民在社群決策上發揮更直接的影響力。

　　本章闡述了第四次工業革命多方面的影響，顯而易見的是，幾乎每一領域都是機遇與風險並存。世界處於變革之中，我們其中一項關鍵任務就是如何採集更多、更準確的資料，以了解社群凝聚力所能帶來的益處和挑戰。

無孔不入的技術

　　第四次工業革命不僅正在改變我們的行為，也在改變我們本身。它對每個個體都產生了多方面的影響，包

括我們的身分認同、隱私保護意識、所有權觀念、消費方式、工作與休閒時間的分配以及如何發展職業生涯、學習技能。它將影響我們待人接物和維繫人脈的方式、我們賴以生存的階層、健康狀況，並且可能還會以超出我們預想的速度增進人體各方面的機能，從而引發我們對自身存在的反思。人類世界正以前所未有的速度飛速發展，而這些變化將使我們既興奮又恐懼。

迄今為止，科技主要使我們得以更簡單、更快速和更高效地處理問題，同時也為個人能力的發展提供了機會。但我們也開始意識到，科技為我們帶來更多便利的同時，也伴隨更多風險。從本書列出的諸多理由可以得知，我們正處於一場全面變革的起點，所有人都需要不斷地去適應這場變革。我們將會看到變革的擁護者與反對者之間出現分化，並且可能不斷加劇。

這將導致另一種不平等現象的出現，並且更甚於之前所提到的社會不平等。這種切實存在的不平等會使變革的擁護者和抵觸者分裂成不同陣營，產生絕對贏家和輸家。贏家甚至可以受益於第四次工業革命對人體機能的改進（如基因工程），而輸家只能與其失之交臂。但這其中也隱藏著風險，可能會引發前所未有的階層衝突和其他矛盾。隨著數位世代與被迫適應數位時代的世代間

出現代溝，這種潛在分歧及其引發的緊張局勢會繼續加劇。此外，這種不平等甚至會引發大量道德倫理問題。

身為一名工程師，我是狂熱的技術愛好者和先行者。然而，跟許多心理學家和社會學家一樣，我並不清楚與不可阻擋的技術融合會如何影響我們對身分認同的理解，又是否會削弱人性中的光點，如反省自我、同理心及同情心。

身分認同、道德與倫理問題

從生物技術到人工智慧，第四次工業革命引發的爆炸式創新重新定義了人類的意義。它們以曾經只在科幻小說中存在的方式不斷擴展人類的壽命、健康、認知和能力的界限。

隨著這些領域不斷獲得新知識和新發現，我們所關注並持續進行的倫理道德問題的探討就變得至關重要。做為人類和一種社會性動物，我們需要從個體與集體的不同角度來思考應該怎樣應對壽命延長、訂製嬰兒 ⑫、記憶提取等諸多問題。

編注⑫ 檢驗胚胎的基因後，再選擇不具有特定基因（例如癌症）的胚胎植入母體，最後發育成嬰兒。

同時我們也要意識到，這些神奇的技術可能會被少數人掌控，用於服務某些特殊階層，而不是廣大群眾。知名物理學家暨作家史蒂芬‧霍金（Stephen Hawking）和幾位同行科學家——斯圖亞特‧羅素（Stuart Russell）、泰格馬克（Max Tegmark）與威爾切克（Frank Wilczek）曾在英國《獨立報》（*Independent*）上就人工智慧的影響發表看法：「短期來看，人工智慧的影響取決於被誰控制。而長期來看，則取決於是否能控制得住……。我們所有人都應該思考當下能夠做些什麼，才能讓人工智慧為我們帶來更多益處，同時避免潛在的風險。」[60]

OpenAI 公司在人工智慧領域實現了有意義的突破，它是一家非營利的人工智慧研究公司。這家公司於 2015 年 12 月宣布，其目標是「以最有可能造福全人類的方式發展數位智能，且無須獲取經濟回報」。[61] 這家公司由美國知名育成中心 Y Combinator 董事長山奧特曼（Sam Altman）與特斯拉汽車公司（Tesla）首席執行長馬斯克（Elon Musk）共同負責，已獲 10 億美元融資。這項計畫印證了先前提出的一個重要觀點：第四次工業革命最大的影響之一就是由新技術融合激發出其賦予公民權利的潛能。正如奧特曼所說，「人工智慧發展的最佳方式是賦

予個體更多權利，提升人類能力，同時讓每個人都觸手可及」。[62]

　　某些特定種類的技術，如網路和智慧型手機對於人類的影響很容易了解，且已被專家、學者們廣泛討論，但要了解它們在其他方面造成的影響並不容易。人工智慧與合成生物學就面臨著這樣的問題。在不久的將來，我們也許就能親眼目睹訂製嬰兒，以及對於人類進行的其他全面改良，從消滅遺傳病到增強人類認知能力，而這些技術都將使人類面臨前所未有的重大倫理與精神問題（參見專欄 3-8）。

專欄 3-8 ｜ 倫理邊界

　　技術進步將我們推到了新的倫理邊界。我們是應將生物學領域的巨大進展僅僅用於治病療傷，還是同時也用於提高人類自身能力？如果我們選擇後者，就有讓家庭親子關係發展成消費社會商品關係的風險，那麼，我們的孩子是否會被商品化，成為依照我們需求訂製的物品？而「提高人類能力」的定義又是什麼？是讓我們無病無患、延年益壽，變得更聰明、跑得更快，還是可以

選擇特定的外貌？

　　人工智慧同樣面臨著複雜的倫理邊界問題。例如，機器的思維有可能比人類更超前，甚至更深入。亞馬遜和 Netflix 已經掌握了能預測我們可能喜歡的電影和書籍的電腦演算法。相親與就業網站為我們推薦由它們的系統計算出來適合我們的伴侶與工作，可以近在身邊，也可以在世界上任何地方。我們應該怎麼辦？是相信演算法提供的建議，還是家人、朋友和同事的忠告？是去諮詢一個具有完美或接近完美診斷率的人工智慧機器人醫生，還是堅持去找一位已了解我們多年、噓寒問暖的人類醫生？當我們思考上述實例，以及它們對人類的潛在影響時，我們踏入的是未知領域，是前所未有的一場人類轉變的起點。人工智慧和機器學習的預測能力還引發了另一實質性問題，也就是如果我們在任何情況下的行為都是可預測的，那麼為了不偏離這種預測，我們還能擁有或感覺自己擁有多少個人自由呢？

　　這一能力的發展是否可能導致人類行為最終變得和機器人一樣？這又引出一個更具哲學性的問題：在數位時代，我們如何保持我們的多樣性和民主的根源，也就是自我？

警惕！資訊世界正侵蝕我們的大腦

從上文中提到的倫理問題可以看出，世界愈朝著數位化及高科技方向發展，人類愈需要親密關係及社交這類人與人之間的接觸。隨著第四次工業革命不斷加深我們個人及群體與科技的聯繫，它對我們的社交技能及同理心可能產生的消極影響也愈來愈受到關注。這種影響已經出現。密西根大學的一個科研小組在 2010 年進行的研究發現，當今大學生的同理心與二、三十年前的大學生相比下降了 40%，其中主要的變化發生在 2000 年之後。[63]

麻省理工學院的雪莉·特克發現，即使是在運動或是與家人朋友聚餐的時候，有 44% 的青少年也不願放下手機。面對面的交流逐漸被網路互動所取代，大家擔心沉迷於社交網路的新一代年輕人會在傾聽他人、眼神交流及理解肢體語言方面存在障礙。[64]

我們與自己的移動通訊設備的關係就是一個典型例子。我們總是與之形影不離，而這有可能讓我們喪失最寶貴的財富之一：騰出時間進行靜心反思，並開展一次無須技術支持，也不用社交網路做為媒介的真實對話。雪莉·特克還提到，有研究顯示，當兩個人對話時，哪

怕手機只是擺在桌上或在雙方的視覺範圍內,就能對他們的談話內容及交流深度產生影響。[65] 這並不意味著我們要放棄使用手機,但應當將手機用於更好的用途。

其他專家也表達了類似的擔憂。技術與文化領域作家尼可拉斯・卡爾(Nicholas G. Carr)認為,我們在電子世界中沉浸得愈久,我們的認知能力就愈弱,因為我們已經無法控制我們的注意力了。「網路本身是一個干擾系統,一個分散注意力的機器。持續的干擾能分散我們的思維,減弱我們的記憶力,讓我們變得緊張和焦慮。我們所陷入的思緒愈複雜,干擾所造成的傷害就愈大。」[66]

曾在 1978 年獲得諾貝爾經濟學獎的賽蒙(Herbert Simon)早在 1971 年就警告說:「豐富的資訊將導致注意力的缺乏。」如今的情況更加糟糕,對於決策者而言尤其如此。他們被過多資訊所困擾,無法招架持續不斷的壓力,導致過度勞累。「身處加速前進的時代,沒有什麼比慢下來更令人愉悅,」遊記作家皮科・艾爾(Pico Iyer)這樣寫道:「身處精神渙散的時代,沒有什麼比集中注意力更加珍貴。身處不斷奔波的時代,沒有什麼比安靜地坐著更加重要。」[67]

我們的大腦幾乎 24 小時都被電子設備占據著,有可能變成持續狂熱的永動機。常常有領導人對我抱怨,他

們再也沒有時間靜心反思，更不必說一口氣讀完一篇短文這樣的「奢華享受」了。世界各地的決策者似乎都處於愈來愈疲憊的狀態，急需處理的各種要務層出不窮，這讓他們沮喪失望，甚至陷入絕望。在新的電子時代，退一步的確十分艱難，卻也並非不可能。

權衡公共資訊與個人資訊

網路時代給個人帶來的挑戰，以及人與人之間愈加密切的相互聯繫都涉及了隱私問題。這一問題日益凸顯，其背後的原因正如哈佛大學政治哲學家桑德爾（Michael Sandel）所指出：「人們愈來愈傾向在日常使用的設備上犧牲隱私以換取便利」。[68] 我們都能看出網路是一種前所未有的民主化和自由化的工具，但同時也是大規模、廣範圍、無差別、高強度監視我們的幫兇，一場關於「在透明度愈來愈高的世界裡隱私意義何在」的全球辯論也已展開，這在一定程度上得益於史諾登洩密事件的啟示。

隱私為何如此重要？每個人都本能地明白隱私對於我們自身非常重要。即便是那些號稱「並不特別看重隱私，也沒什麼祕密需要隱藏」的人，也總有各種各樣的言行舉止不想被他人所知。大量研究顯示，當人們察覺

受到監視時，他們的行為會變得更加墨守成規。

　　然而，本書並不打算用長篇大論來闡述隱私的意義，或是回答有關資訊所有權的問題。不過我完全相信，在未來的歲月裡，我們對於數據管理的失控定會引發許多重大問題的激烈討論，諸如隱私問題對我們身心健康影響的問題（參見專欄 3–9）。

　　這些問題極其複雜，我們只不過才剛開始感受到它對我們心理、道德和社會層面的影響。我也預測下面這個關於隱私的問題將會出現：當個人生活完全透明化，且無論小過，還是大錯，都能被他人所知時，誰還能勇於承擔領導責任呢？

　　第四次工業革命使科技在我們的生活中無孔不入且占據支配地位，然而我們才剛開始意識到科技的巨變會如何影響內在自我。所以，確保科技服務於我們，而不是奴役我們，是每個人義不容辭的責任。從集體層面上看，我們還要確保可以恰當理解和分析科技給我們帶來的挑戰。只有如此，我們才能確定第四次工業革命可以造福人類，而不是損害人類。

專欄 3–9 | 身心健康與隱私邊界

　　隱私問題的複雜性從可穿戴健康設備目前遇到的問題便可略知一二。愈來愈多的保險公司正考慮給投保人提供以下選擇：

　　如果你同意穿戴一個設備來監控自身健康，比如你的睡眠量和運動量、每天的走路數、攝入卡路里等，並同意將這些資訊發送給健康保險公司，就會獲得保費上的優惠。

　　我們是否會為這些發明能讓我們過上更健康的生活而感到欣慰，抑或為這種日益受到監控的生活方式感到擔憂（無論這種監控來自政府，還是企業）？目前來說，這種事的決定權還在個人手裡，也就是你可以選擇穿戴健康設備，也可以對其說不。但進一步來說，假如一家公司要求員工使用可穿戴健康設備，並且向其健康保險商傳輸健康資料，以提高公司生產力，降低保費成本？如果公司要求所有員工必須遵守規定，否則就要支付罰金呢？如此一來，戴不戴設備似乎就從原本只是個人選擇問題，變成一個雖無法接受、卻依然要遵循社會新規則的問題。

第四章

未來之路

迎戰第四次工業革命的四種智慧

第四次工業革命或許會產生顛覆性影響，但我們卻可以化挑戰為機遇，只是我們必須全力應對，做出必要改變，制定相關政策，從而適應新環境，實現繁榮發展。

我們唯有綜合運用思維、心靈和精神方面的智慧，才能有效應對這些挑戰。要做到這一點，我認為必須培養並運用以下 4 種智慧來適應或改變，甚至駕馭潛在的破壞作用。

- 情境判斷（思維）：我們如何理解和運用知識
- 情緒管理（心靈）：我們如何處理、整合思維，感受並推己及人
- 自我激發（精神）：我們如何運用自我及共同的目標、彼此間的信任和其他優勢來影響變革，為共同目標而奮鬥
- 身體素質（身體）：我們如何塑造和保持自己及身邊人的身心健康，從而有足夠精力推動自身及體系變革

情境判斷——思維

優秀的領導人能夠了解並靈活運用情境判斷的智慧。[69] 情境判斷是預測新趨勢及整合零散資訊的能力和意願。這是無數代傑出領導人的共同特徵，也是在第四次工業革命中存活的先決條件。

要培養情境判斷的智慧，決策者必須先了解各種人際關係網的價值。唯有與外界高度互聯，靈活運用跨越傳統界限和邊界的網路，才能夠應對翻天覆地的變化。也就是必須有能力、有意願與利益相關者打交道，努力加強與外界的聯繫，兼容並蓄。

只有匯聚商界、政府、公民社會、宗教團體、學術界及年輕世代的領導人，相互合作，才有可能對事態發展獲得整體性認識。此外，這對形成並實施綜合性觀點和解決方案，推動永續變革也至關重要。

這也正是我在 1971 年出版的一本書中提到的「多方利益關係者理論（multistakeholder theory）」（世界經濟論壇通常稱其為「達沃斯精神（Spirit of Davos）」）。[70] 人為劃分不同領域及職業之間的界限這種做法愈來愈不利於發展。如今，利用網路的力量瓦解這些界限，建立高效的合作夥伴關係顯得尤為重要。公司或組織若是無

法做到這點，或者不能確實建立多樣性的團隊，將難以應對數位時代的顛覆性影響。

領導人也必須證明能夠調整自身的心理、觀念及組織原則。在這個充滿顛覆性、快速變化的世界中，故步自封、思想僵化必將使自己停滯不前。正如哲學家以賽亞・伯林（Isaiah Berlin）在 1953 年的論文中評價作家和思想家時提出的「當狐狸好過當刺蝟」。當今愈發複雜和多變的環境要求我們成為聰明伶俐、左右逢源的狐狸，而不是眼界狹隘、目光短淺的刺蝟。這意味著領導人不能因循守舊，在解決問題、處理事務、應對挑戰的方式上必須不斷整合各方利益與意見，面面俱到、靈活多變。

情緒管理——心靈

情緒管理的智慧是對情境判斷智慧的一種補充而非替代，它日漸成為第四次工業革命的基本特性。耶魯大學情緒智商研究中心的管理心理學家大衛・卡魯索（David R. Caruso）曾指出，情緒智商並不該被視為理智的對立面，或是「情感戰勝了理智，而是兩者以獨特方式的結合」。[71] 學術文獻也指出，情緒管理智慧能讓領導者更具創新精神，並成為變革的引領者。

對企業領袖和政策制定者來說，情緒管理智慧是在第四次工業革命中取得成功所需技能的重要基石，這些技能包括自我意識、自我管理、自我激勵、同理心及社交能力等等。[72] 專注於研究情緒管理智慧的學者也指出，偉大的決策者之所以能夠脫穎而出，正是因為他們具有高於常人的情緒管理智慧，以及不斷磨練這種特質的能力。

　　在這個瞬息萬變的世界裡，一個機構若能擁有許多善於情緒管理的領導者，不僅會更具創造性，也會具有更大的靈活性和抗風險性，可見情緒管理智慧是應對顛覆性變化的一種必備特質。數位化的思維模式非常依賴情緒管理智慧，不僅有助於將跨領域合作的方式制度化，消除等級區別，也能激發新思路。

自我激發——精神

　　除了情境判斷智慧和情緒管理智慧，還有一種能有效應對第四次工業革命的關鍵能力。我稱之為自我激發智慧。有「激發」之意的英文字 inspire 源於拉丁語 spirare，有「呼吸」之意，「自我激發」也含有不斷探尋意義與目標的含義。它著眼於激發創造的欲望，將人性提升為以人類共同的使命感為基礎的新集體性道德意識。

自我激發智慧的核心思想是共用。正如前面提到的，如果技術是造成社會朝向以自我為中心的方向發展的原因之一，那麼我們必須調整這一趨勢，讓社會中的自我普遍具有共同的使命感。

　　若要共同應對第四次工業革命的挑戰，一方面化險為夷，一方面享受其帶來的益處，端看我們能否團結，朝共同的目標努力。

　　而要實現這一目標，信任絕不可少。高度的信任能夠促進各方參與，加強團隊合作，這在以協同創新為核心的第四次工業革命中，顯得尤為迫切。由於整個過程牽涉諸多不同因素和問題，只有在相互信任的氛圍中才能實現。而且，所有的利益關係者都需要各司其職，確保這場創新型變革朝向為公眾利益服務的方向發展。如果任何一個主要利益關係者心存異議，信任必將瓦解。

　　在當前這樣變幻無常的世界裡，信任已成為最珍貴的特質之一。只有當決策者全心融入一個集體，做決策時永遠考慮大家的共同利益，而非追求個人目標時，才能獲得大家的信任。

身體素質——身體

　　情境判斷智慧、情緒管理智慧和自我激發智慧都是

應對第四次工業革命的挑戰，並從中獲益所需的基本特質。但這三種特質都需要第四大關鍵因素的支持，也就是身體素質，身體素質包括了維持並提升人們的健康狀況和幸福感。隨著變革步伐加快、複雜程度的加深，以及（與我們緊密相關的）決策過程中參與者的增多，強健的體格和抗壓力就顯得更加重要。

表觀遺傳學（Epigenetics）是近年才興盛的生物學科，主要研究環境如何影響基因表現的過程。它強而有力地證實了睡眠、營養，以及健身會對我們的生活產生重要影響。比如，規律健身會對我們的思維和感知模式產生積極作用，也會直接影響我們的工作表現，最終影響到我們取得成功的可能性。

了解和掌握這些對於我們的身體、精神、情緒乃至整個世界和諧統一的新方法至關重要。我們之所以能夠更深入地了解它們，正是得益於許多領域的驚人成就，比如醫藥科學、可穿戴設備、移植技術以及大腦研究等等。此外，我也常說，領導者需要「強大的神經」才能高效應對眼下同時發生、紛繁複雜的挑戰。因此，要想把握並好好利用這次工業革命帶來的機遇，這一點會愈來愈重要。

邁向新文化復興

詩人里爾克（Rainer Maria Rilke）曾寫道：「在『未來』還沒有發生之前，它就已潛入我們的生命，在我們身上發生變化」。[73] 我們必須銘記現在所生活的時代——這個「人類世（Anthropocene）」或是「人類時代」。這也是有史以來人類活動第一次成為塑造地球上所有生命維持系統的主要力量。

一切都取決於我們。我們正站在第四次工業革命的起點展望未來。更重要的是，我們擁有影響發展過程的能力。但知道如何實現繁榮發展是一回事，能否做到又是另一回事。一切最終會走向何方？我們又該如何做好萬全的準備？

離我寫作本書的地方不過幾英里處，便是法國啟蒙運動時期著名哲學家暨作家伏爾泰曾居住多年的地方。他曾說過：「不確定讓人不舒服，但是確定又是荒謬的。」[74]只有天真幼稚的人才會宣稱，他們非常清楚第四次工業革命將帶領我們走向何方，但若因方向不明而感到恐懼驚慌也同樣幼稚可笑。正如我在書中一直強調的，第四次工業革命最終的走向完全取決於我們能否充分挖掘其潛力。

顯然，機遇愈引人注目，挑戰就愈讓人卻步。我們必須為可能出現的影響做好充分的準備，攜手將挑戰轉化為機遇。世界飛速發展，高度互聯，一切變得更加複雜，也更加碎片化，但我們仍然能夠以有利於全人類的方式塑造我們的未來。而當下，便是最好的時機。

　　第一步，也是最重要的一步，我們應繼續提高思想認知，推動社會各行各業彼此間的了解，這也是本書的宗旨所在。現在我們面臨的各種挑戰間的聯繫愈來愈緊密，因此在做決策時，要更注重從整體層面思考。只有採取兼容並蓄的辦法才能增進理解，從而處理好第四次工業革命帶來的諸多問題。而這當中就需要有益合作的靈活結構，使其包含各個體系，並充分考慮所有利益關係者，將公共部門和私營部門結合在一起，同時吸納各行各業最富有學識的人才。

　　第二步，我們需要在達成共識的基礎上，對於如何為當代人和下個世代塑造第四次工業革命，形成積極、統一和全面的認識。儘管我們並不清楚它包含的具體內容，但我們確實知道它必須涵蓋哪些關鍵特徵。例如，它必須明確規定我們未來的體系要體現出的價值觀和道德準則。市場是推動財富創造的強大力量，但我們必須保證個人、集體行為及其所構成的系統要嚴格遵從價值

觀和道德準則。我們的認識必須與時俱進、高屋建瓴，並且懂得寬容、尊重、關心與同情，在兼容並蓄之下，由共同的價值觀所形成。

第三步，在提高思想、形成統一認識的基礎上，我們必須開始重建我們的經濟、社會與政治體系，以充分利用由此帶來的機遇。當前的決策體系和創造財富的主流模式都是前三次工業革命期間設計出來和形塑的。然而這些體系已不合時宜，在第四次工業革命的背景下，已無法滿足當代人，甚至應該說是下一代人的需求。這無疑需要進行系統性創新，而不只是小規模調整或是細部改革。

根據以上三個步驟可知，我們只有從地區、國家和全球層面，與所有有發言權的利益關係者持續進行協作與溝通，才能實現目標。我們要切中要點，清楚知道基本條件為何，而不僅僅只是關注技術層面。哈佛大學數學與生物學教授，也是進化論者的諾瓦克（Martin A. Nowak）提醒我們，合作是「拯救人類的唯一方法」。[75] 在人類 40 億年的漫長進化史中，合作一直是主要的推動力，使我們能適應愈來愈複雜的環境，增強政治、經濟和社會凝聚力，從而取得巨大進步。我相信通過多方利益關係者之間的高效合作，第四次工業革命能夠面對，

甚至化解當今世界面臨的重要問題。最終，一切都歸結於人、文化與價值觀。我們需要努力使來自不同文化、國家和收入群體的公民都能了解和掌控第四次工業革命的必要性，及其對文明的衝擊。

讓我們共同塑造一個為所有人共用的未來，一個以人為本，賦權於民的世界。我們必須不斷提醒自己，所有這些新技術都是由人類製造、為人類服務。

讓我們共同擔起責任，建設一個更美好的未來，使創新與技術均以人類及服務公共利益為中心，並確保我們能夠好好利用它們，建設一個更加永續發展的世界。

我們甚至能實現更偉大的目標。我堅信，如果我們能採取積極應對、負責任的態度推動新技術革命的發展，就能引發一場新的文化復興運動，使我們超越小我，而這才是一場真正全球性的文化運動。第四次工業革命可能讓人類變得數位化，從而掩蓋我們生存意義的傳統根源，包括工作、社群、家庭和身分認同。然而，我們依然能夠利用第四次工業革命的機遇，將人類的道德意識水準提升至新的高度，以共同的使命感為基礎，而我們所有人都該義不容辭地努力達成這個目標。

第五章

展望 2025：深度變革

在第四次工業革命的進程中，軟體技術驅動的數位互聯將會徹底改變整個社會。其影響範圍之廣、變革速度之快，使得這場變革有別於人類歷史上任何一次工業革命。

世界經濟論壇全球議程理事會「軟體與社會的未來」議題組針對了 800 位公司高階主管進行了一項調查，用以評估這些企業領導者預期這些足以改變遊戲規則的科技何時將帶給公眾生活顯著的改變，希望藉此充分理解這些變革對於個人、組織、政府以及社會的影響。

他們也根據此次調查寫成了《深度轉變：技術引爆點與社會影響》這一報告，並於 2015 年 9 月出版。[76] 下面是這項研究中提到的 21 項技術變革，並額外收錄了兩項，當中包含了這些技術的引爆點，以及走進市場的預期時間等內容。

變革 1：可植入技術

引爆點：首款植入式手機將商業化
展望 2025：82% 的受訪者認為引爆點會在此之前出現

人們愈來愈依賴電子設備，而這些設備與人體的聯

繫也愈加緊密。設備不再僅僅是可穿戴的，還能夠被植入體內，發揮通訊、定位、行為監控及健康管理等功能。

　　心律調節器及人工電子耳的發明只是一個開始，愈來愈多的健康設備將會湧現出來。這些設備將能感知疾病參數，提醒使用者採取措施，發送數據至監測中心，甚至有可能自動投放藥物進行治療。

　　智慧紋身以及其他獨特的晶片將有助於進行身分識別及定位。有了植入式設備，原本需用口頭表達的想法也可以借助「嵌入式」的智慧型手機來完成，而一些隱含的想法和情緒也有望通過讀取腦波及其他訊號的方式來傳達。

正面影響

- 減少兒童失蹤現象
- 改善健康狀況
- 更加自給自足
- 更有效地進行決策
- 圖像識別並提供更多個人資料（會記錄他人匿名點評的網路，如 Yelp[77]）

負面影響

- 隱私洩露、（可能）被監視
- 資料安全性降低
- 逃避現實、手機上癮
- 注意力不集中（即注意力缺乏症）

未知或利弊皆有

- 壽命延長
- 改變人際關係的本質
- 改變人際溝通與人際關係
- 即時識別
- 文化轉變（永久記憶）

正在發生的變化

- 數位刺青不僅看起來很酷，而且具有實用價值，例如解鎖車門、利用指紋識別解鎖手機或追蹤身體代謝過程等。（資料來源：https://wtvox.com/3d-printing-in-wearable-tech/top-10-implantable-wearables-soon-body/）

- 根據高科技資訊技術與服務公司 WT VOX 的一篇文章指出:「智慧塵(Smart Dust)是一系列具有電腦功能的超微型感測器,每一個都比砂礫還要細小得多。它們能在人體裡自我組合成所需的網絡,處理人體內的各種複雜情況。想像一下這些奈米器件可攻擊早期癌細胞,或緩解傷口疼痛,甚至是以高度加密的方式將重要的個人資訊儲存下來。有了智慧塵,醫生不用開刀就可以直接在你體內進行手術。資訊會儲存在你的身體中,並被高度加密,你自己可將它從奈米網路中解鎖。」(資料來源:https://wtvox.com/3d-printing-in-wearable-tech/top-10-implantable-wearables-soon-body/)

- 由美國生技新創公司普羅特斯(Proteus Biomedical)與諾華公司(Novartis)聯合研發的智慧藥丸內含可生物分解的數位設備,它可以將身體對藥物的反應數據傳輸至你的手機。(資料來源:http://cen.acs.org/articles/90/i7/Odd-Couplings.html)

變革 2：數位化身分

引爆點：80% 的人在網上具有數位身分
展望 2025：84% 的受訪者認為引爆點會在此之前出現

全世界網民的數量在過去 20 多年快速增長。10 年前，進入數位時代還只意味著有一個手機號碼、一個信箱位址，或許再加上一個 Myspace 的個人主頁。

現在，人們在數位世界中的存在包括了進行數位互動，以及在各種線上平台和媒體上留下的痕跡。很多人擁有不只一個數位身分，如 Facebook、Twitter、LinkedIn、Tumblr 以及 Instagram 等多個帳號，而且通常還不只這些。在互聯程度愈來愈高的世界中，網路上的虛擬生活漸漸變得與現實生活密不可分。在未來，建立並維護好自己的網路形象會如同我們在現實生活中透過打扮、說話及行為來展示自己一樣稀鬆平常。在網路世界中，人們不僅能夠依靠網路上的虛擬形象搜索並共用資訊，自由發表言論，認識他人，還能在世界上任何地方發展與他人的關係。

正面影響

- 透明度提高
- 個人與團體之間更好、更快的關聯
- 言論自由
- 資訊傳播與交流速度提高
- 更高效地利用政府服務

負面影響

- 隱私洩露，（可能）被監視
- 身分被盜用現象增多
- 網路暴力及跟蹤
- 利益集團的團體迷思及兩極分化加劇
- 散播不實資訊（對聲譽管理的需求）；回聲室效應（echo chambers）[78]
- 公眾對資訊演算法（如新聞）不知情，缺乏透明度

未知或利弊皆有

- 數位遺產和痕跡
- 更有針對性的廣告

- 更有針對性的資訊及新聞
- 個人特徵分析
- 永久身分（不匿名）
- 更容易在線上開展社會運動（政治團體、利益集團、興趣團體、恐怖組織）

正在發生的變化

如果將三大社交網站看成國家的話，它們的人口數量將比中國還多出 10 億。

圖 5-1　社交網站的活躍用戶數量與世界人口大國的人數對比

人口數量排名前十位（百萬）

1	Facebook	1400
2	中國	1360
3	印度	1240
4	Twitter	646
5	美國	318
6	印尼	247
7	巴西	202
8	巴基斯坦	186
9	奈及利亞	173
10	instagram	152

資料來源：http://mccrindle.com.au/the-mccrindle-blog/social-media-and-narcissism

變革 3：視覺成為新的交互介面

引爆點：10% 的閱讀眼鏡可連接網路
展望 2025：86% 的受訪者認為引爆點會在此之前出現

　　眼鏡式、頭戴式及眼球追蹤設備都會變得愈來愈智慧，Google 眼鏡只是第一個成功嘗試。在未來，人眼與視覺也將成為連接網路及數位設備的新媒介。

　　通過視覺與網路中各種應用與數據直接連接，個人的感官體驗經過調節後被加強，從而更具身臨其境之感。另一方面，隨著眼球追蹤技術的興起，智能設備可以向視覺介面輸入資訊，並通過眼球與之進行互動，對資訊進行回饋。

　　通過提供指令、資訊視覺化及交互作用，可使視覺成為一個即時、直接的交互介面，改變人們的學習、導航、指引和回饋方式，從而幫助人們與世界更充分地互動。

正面影響

- 為個人的導航、工作及生活提供即時資訊，以助其進行明智決策

- 在視覺協助下提高完成任務、生產商品、提供服務的能力，可用於製造業、醫療／手術和服務業領域
- 通過交談、打字、運動及浸入式體驗幫助身障人士進行互動、移動以及感知世界

負面影響

- 注意力不集中引發事故
- 消極的浸入式體驗帶來創傷
- 成癮及逃避現實現象增多

未知或利弊皆有

- 娛樂產業出現新領域
- 即時資訊增多

正在發生的變化

市場上已在出售的眼鏡（不僅僅是 Google 眼鏡），可以讓你：

- 像捏泥巴一樣對 3D 物件任意進行操作
- 針對眼前所見提供全面的即時資訊，與大腦運行模式相同

- 向你提供途經餐館的功能表資訊
- 在任何紙張上投影圖片或影音（資料來源：http://www.hongkiat.com/blog/augmented-realitysmart-glasses/）

變革 4：穿戴式裝置的網路連線

引爆點：10% 的人穿著可連接網路的衣服
展望 2025：91% 的受訪者認為引爆點會在此之前出現

　　科技愈來愈個人化，早期的電腦需要幾個大房間才放得下，後來變得可以放在桌子上，現在則能放在膝蓋上。當前的科技水準從我們口袋中的智慧型手機就可見一斑，而未來科技將會直接被嵌入衣物和配飾中。

　　2015 年蘋果公司發布的智慧手錶 Apple Watch 不僅能聯上網路，還同時具備了智慧手機的多種功能。未來將會有愈來愈多的服裝與可穿戴設備裝有嵌入式晶片，可使穿戴者利用該物品連接網路。

正面影響

- 改善健康狀況，延長人類壽命

- 更加自給自足
- 自我管理的醫療保健
- 更有效地進行決策
- 減少兒童失蹤
- 個性化服裝（裁縫業、設計行業）

負面影響

- 隱私洩露、（可能）被監視
- 逃避現實、成癮
- 資料安全

未知或利弊皆有

- 即時識別
- 改變人際溝通與人際關係
- 圖像識別與個人資料可獲得性（會記錄他人匿名評論的網路）

正在發生的變化

顧能公司（Gartner）是全球最具權威的研究與諮詢公司，據其統計，2015 年智慧手錶與手環的銷售量將達到 7000 萬台，而在未來 5 年內這一數字將上升到 5.14

億。（資料來源：http://www.zdnet.com/article/wearables-internet-ofthingsmuscle-in-on-smartphone-spotlight-at-mwc/）

　　Mimo Baby 公司開發了一種廣受歡迎的可穿戴嬰兒監控器，能記錄嬰兒的呼吸、身體姿勢、睡眠活動等，並將數據發送到 iPad 或智慧型手機上。社會將會針對這項產品是具有幫助功用，還是多此一舉進行廣泛的爭論。對於這項產品，支持者認為它能幫助嬰兒睡得更好，而批評者卻認為傳感器無法代替人工看護。（資料來源：http://mimobaby.com/；http://money.cnn.com/2015/04/16/smallbusiness/mimo-wearable-baby-monitor/）

　　雷夫羅倫（Ralph Lauren）公司設計出一種智慧運動衫，能即時測量出汗量、心率、呼吸強度等運動數據。（資料來源：http://www.ralphlauren.com/product/index.jsp?productid=69917696&ab=rd_men_features_thepolotechshirt&cp=64796626.65333296）

變革 5：遍存計算（Ubiquitous Computing）

引爆點：90% 的人能經常上網

展望 2025：79% 的受訪者認為引爆點會在此之前出現

數位化服務日漸變得無處不在，人們可以隨時隨地獲得所需服務，無論是通過能連結網路的電腦，還是具備 3G（第三代移動通訊技術）、4G（第四代移動通訊技術）或雲端服務的智慧型手機，均可實現。

當前全球有 43% 的人能連接到網路。[79] 而且，僅 2014 年一年，就賣出 12 億台智慧型手機。[80]2015 年，平板電腦的銷量預計將超過個人電腦，而智慧手機的總銷量將達到電腦的 6 倍。[81] 網路的發展速度已經遠超過其他所有媒體管道。據估計，過不了幾年，全球四分之三的人都能經常使用網路。

在將來，經常使用網路和資訊服務將不再是已開發國家的福利，而會成為像飲用清潔飲用水一樣的基本權利。由於無線技術所需的基礎設施少於其他許多公共服務（如電力、道路與水），它的普及速度很有可能要遠超過後者。因此，任何國家的任何人都將可以與地球上任一角落的人進行交流與互動。訊息的產生和傳播會比以往更加便利。

正面影響

- 處於偏遠或欠發達地區的弱勢群體將有更多的經濟機會（「最後一英里」問題）

- 獲得教育、醫療和政府服務的機會
- 獲得存在感
- 提升技能、改善就業以及轉行的機會
- 擴大市場規模／電子商務
- 獲得更多資訊
- 提高公民參與度
- 民主化／政治變革
- 「最後一英里」問題：「透明度和參與度提高」與「公眾思想被操縱現象和回聲室效應加劇」之間的矛盾

負面影響

- 公眾思想被操縱現象和回聲室效應更加嚴重
- 政治分裂
- 圍牆花園（walled gardens，如僅供已驗證用戶使用的有限網路環境）僅允許人們訪問有限的網路

正在發生的變化

要使未來的 40 億用戶能使用網路，我們需要克服兩個關鍵問題：可上網且付得起。而開拓網路新市場的競賽正在進行。

全球已有超過 85% 的人居住在手機訊號發射塔方圓幾公里內，而發射塔能夠提供網路服務。[82] 全球移動營運商正在迅速擴大網路覆蓋範圍。Facebook 與移動營運商共同發起了網路普及計畫「internet.org」，在 2015 年使 17 個國家中超過 10 億人能使用免費的網路基本服務。[83] 許多旨在為最偏遠地區提供廉價網路服務的專案也在開展之中：Facebook 的「Internet.org」正在研發網路無人機，Google 的 Project Loon 正計劃使用熱氣球搭建無線網路，而美國太空探索技術公司則正在投資新型低成本衛星網路。

變革 6：可攜式超級電腦

引爆點：智慧型手機的使用率達到 90%
展望 2025：81% 的受訪者認為引爆點會在此之前出現

早在 2012 年，Google 就在其舉辦的「內部搜尋」（Inside Search）發布會上公開表示，「回應一個 Google 搜尋請求所需的運算量與整個『阿波羅計畫』的運算量（包括地面和空中）幾乎一樣多」。[84] 更重要的是，現代智慧型手機和平板電腦所具備的運算能力比以前要占據

一整個房間的許多「巨型電腦」還要強大。

　　預計到了 2019 年，全球智慧型手機用戶數量將達到 35 億，這相當於智慧型手機的普及率將達到 59%，超過 2017 年的 50%，相比於 2013 年的 28% 也有大幅增長。[85] 根據肯亞最大的移動服務營運商狩獵通信公司（Safaricom）的報告顯示，2014 年售出的移動電話中有 67% 是智慧型手機，同時全球移動通訊系統協會預測，到了 2020 年，非洲的智慧型手機用戶將超過 5 億人。[86]

　　由於愈來愈多的人更喜歡使用智慧型手機，而不是傳統電腦，各大洲的許多國家和地區都發生了設備變革（亞洲目前處於領先地位）。隨著科技發展使設備的體積愈來愈小，但運算能力卻愈來愈強，而且價格也愈來愈低，人們對智慧型手機的接受度只會更快。根據 Google 的資料顯示，在下頁圖 5-2 的國家中，智慧型手機的使用率已高於個人電腦。

　　新加坡、韓國和阿拉伯聯合大公國等國家快要達到引爆點，有將近 90% 的成年人使用智慧型手機（見圖 5-3）。

　　逐漸採用能處理複雜任務的高速運算設備是大勢所趨。最有可能出現的情況是，每個人使用的設備數量大幅增加，這些設備不僅具有新功能，還能處理特殊任務。

圖 5-2　智慧型手機使用率高於個人電腦的國家（2015 年 3 月）

資料來源：http://www.google.com.sg/publicdata/explore

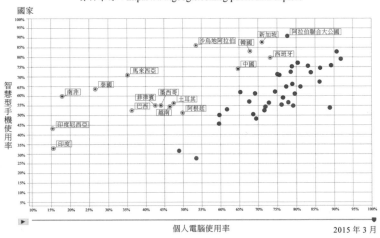

圖 5-3　智慧型手機在成年人中的普及率近90%的國家（2015 年 3 月）

資料來源：http://www.google.com.sg/publicdata/explore

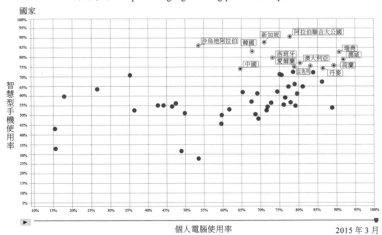

正面影響

- 處於偏遠或欠發達地區的弱勢群體將有更多的發展機會（「最後一英里」問題）
- 獲得教育、醫療和政府服務的機會
- 獲得存在感
- 提升技能、改善就業以及轉行的機會
- 擴大市場規模／電子商務
- 獲得更多資訊
- 提高公民參與度
- 民主化／政治變革
- 「最後一英里」問題：「透明度和參與度提高」與「公眾思想被操縱現象和回聲室效應加劇」之間的矛盾

負面影響

- 公眾思想被操縱現象和回聲室效應更加嚴重
- 政治分裂
- 一些國家和地區防火牆長城／圍牆花園（如僅供已驗證用戶使用的有限網路環境）僅允許人們訪問有限的網路

未知或利弊皆有

- 一星期 7 天 24 小時全天候開機
- 公私生活不分
- 不分場合的使用
- 規模生產造成的環境問題

正在發生的變化

1985 年，超級電腦系統 Cray-2 是當時世界上運算速度最快的機器。而 2010 年 6 月發布的 iPhone 4 手機卻已擁有與 Cray-2 一樣的運算能力。僅僅 5 年後的今天，Apple Watch 的運算速度已是 iPhone 4S 的兩倍。[87] 隨著智慧型手機的零售價格跌破 50 美元，計算能力大幅提升，其在新興市場中的接受度也將逐漸提高。相信在不久的將來，幾乎每個人的口袋裡都將有一台超級電腦。(資 料 來 源：http://pages.experts-exchange.com/processing- powercompared/)

變革 7：全民無限儲存

引爆點：90% 的人擁有免費（或由廣告支援）的無限儲

存空間

展望 2025：91% 的受訪者認為引爆點會在此之前出現

　　在過去幾年裡，隨著愈來愈多的公司為客戶提供近乎免費的儲存空間做為部分附贈服務，個人的儲存容量有了很大的提升。使用者創建了愈來愈多的內容，卻無須考慮清理內容以騰出空間。儲存空間商品化已是大勢所趨，其中一個原因就是儲存價格飛速遞減（幾乎每5年變為之前的十分之一，見圖 5-4）。

圖 5-4　每 GB 的硬碟成本變化（1980~2009 年）

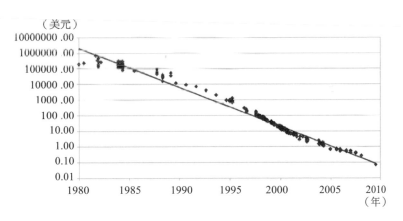

資料來源：「儲存成本變化史」，mkomo.com，2009 年 9 月 8 日。[88]

　　當今世界的所有資料大約有 90% 是在過去兩年裡產

生的，而且企業創造的訊息量平均每 1.2 年就翻倍。[89] 亞馬遜網路服務和 Drop box 雲端儲存這類公司正在引領儲存空間商品化的趨勢。

世界的發展趨勢是儲存空間實現全面商業化，可以讓用戶免費享用無限量的儲存空間。而企業獲利的最佳方式可能是通過廣告或遙感勘測。

正面影響

- 法律體系
- 獎學金歷史紀錄及學術紀錄
- 提高商業營運效率
- 擴展個人儲存限度

負面影響

- 隱私受到監視

未知或利弊皆有

- 永久儲存（不刪檔）
- 愈來愈多的內容得以產生、分享和消費

正在發生的變化

已有大量公司提供 2GB 到 50GB 大小不等的免費雲端儲存空間。

變革 8：萬物互聯

引爆點：有 1 兆個感測器與網路連接
展望 2025：89% 的受訪者認為引爆點會在此之前出現

由於運算能力不斷上升，硬體價格持續下降（依舊遵循摩爾定律[90]），將任何東西連接上網幾乎都十分划算。智能感測器的價格也已相當合理，所有物品都將智慧化並能連結上網，使得更廣泛的交流和數據驅動的新型服務成為可能，而這些都是基於日益增強的分析能力。

近期有一項關於如何利用感測器監測動物健康與行為的研究。[91]這個研究顯示安裝在家畜身上的感測器之間如何通過行動電話網絡進行溝通，並可隨時隨地傳輸有關家畜狀況的即時資料。

專業人士認為，未來世界的每一樣（實體）產品都可以與無處不在的通訊基礎設施相連，而無處不在的感

測器也能使我們充分感知周圍環境。

正面影響

- 提高資源利用率
- 提高生產率
- 改善生活品質
- 有益環境
- 降低服務成本
- 提高資源利用與現狀的透明度
- 更安全（如飛機、食品）
- 更高效（物流）
- 增加儲存與頻寬需求
- 勞動力市場與勞動技能變革
- 創建新業務
- 使高難度的即時應用在標準通訊網路中變得可行
- 設計能進行數位連接的產品
- 附加於產品之上的數位服務
- 「數位分身」提供監控、管理與預測的精準數據
- 「數位分身」在商務、資訊和社會中成為積極參與者
- 物體能夠全面感知周圍環境，並自主反應與行動

- 智慧物品連結網路後產生新的知識和價值

負面影響

- 隱私
- 無技能者面臨失業風險
- 駭客威脅與安全威脅（如公共電網）
- 更加複雜、更易失控

未知或利弊皆有

- 商業模式變革：資產的使用或租賃，而非擁有所有權（如電器租賃服務）
- 數據價值影響商業模式
- 每個公司都是潛在的軟體公司
- 新型企業：販賣數據
- 隱私觀念框架的改變
- 資訊技術基礎設施廣泛分布
- 知識性工作的自動化（如分析、評估、診斷）
- 可能導致「數位珍珠港」事件（例如，網路駭客或恐怖分子破壞基礎設施，引發食物、燃料、電力長達數週的缺乏）
- 更高的利用率（如汽車、機器、工具、設備、基

礎設施）

正在發生的變化

福特 GT 跑車內建了 1000 萬條電腦編碼。（資料來源：http://rewrite.ca.com/us/articles/security/iot-is-bringinglots-ofcode-to-your-car-hackers-too.html?intcmp=searchresultclick&resultnum=2）

大受歡迎的大眾高爾夫球新車型內含 54 個電腦處理單元。每輛車處理的數據點多達 700 個，可產生近 6G 的數據。（資料來源：「資訊技術衍生型產品和服務及物聯網」，數位戰略概覽圓桌會議，塔克商學院數位戰略中心，達特茅斯，2014 年）

至 2020 年，聯網設備預計將超過 500 億台。即使是地球所屬的銀河系也只包含約 2000 億顆恆星！

伊頓公司（Eaton）在特定高壓軟管中安裝感測器，用以檢測軟管磨損時間，不僅可以避免潛在安全事故的發生，還可以減少以軟管為關鍵元件的機器停工檢修的高額成本。（資料來源：「物聯網：互聯帶來的機遇與挑戰」，數位戰略概覽圓桌會議，塔克商學院數位戰略中心，達特茅斯，2014 年。）

據 BMW 公司統計，截至 2015 年，全球有 8%（約 8400 萬台）的汽車通過各種方式連接到網路。到了 2020 年，這個數字將會增加到 22%，即 2.9 億台。（資料來源：http://www.politico.eu/article/google-vs-german-carengineerindustry-american-competition/）

安泰等保險公司正在研究如何利用地毯上的感測器幫助中風者。這些感測器可以檢測到行走姿態的變化，然後通知理療師上門治療。（資料來源：「物聯網：互聯帶來的機遇與挑戰」，數位戰略概覽圓桌會議，塔克商學院數位戰略中心，達特茅斯，2014 年。）

變革 9：數位化家庭

引爆點：家用電器與設備使用的網路流量超過 50%（非娛樂或通訊部分）

展望 2025：70% 的受訪者認為引爆點會在此之前出現

在 20 世紀，家庭使用的能源大部分直接用於個人消耗（如照明）。未來，這種能源需求會被更複雜設備的能源需求所超越，這些設備包括烤箱、洗碗機、電視和空

調等。

　　網路流量的消耗方式也與之類似：當前家庭的流量消耗主要集中在個人消費上，如通訊與娛樂。隨著家庭自動化快速發展，人們可以通過網路控制照明、百葉窗、通風設備、空調、影音播放設備、安防系統和家用電器。可提供各種服務的聯網機器人也可以幫上忙，如真空吸塵器等。

正面影響

- 提高資源效率（減少能源使用與消耗）
- 舒適
- 安保與安防、檢測入侵者
- 入口控制
- 家庭共用
- 獨立居住（適用於年幼者、年長者和身障者）
- 定向廣告增多和對商業的整體影響增大
- 衛生保健系統成本降低（病人住院和門診時間減少，自動監控服藥過程）
- 即時監控與錄影
- 警告、報警和緊急請求
- 家庭遠端智慧控制（如關閉瓦斯）

負面影響

- 隱私
- 監視
- 網路攻擊、犯罪與安全隱患

未知或利弊皆有

- 對勞動力市場的影響
- 工作地點改變（在家工作和在外工作增多）
- 隱私、數據所有權

正在發生的變化

我們從 cnct.com 這個網站引用了一個有關該成果在家庭中應用的例子：

「Nest 是製造可聯網自動調溫器和煙霧探測器的公司……（於2014年）公開啟動『與 Nest 合作』開發項目，確保不同公司的產品都能使用它的軟體。例如，與賓士汽車合作，就能讓你的賓士汽車告知 Nest 軟體提前打開暖氣，讓你到家時可以取暖……，總之 Nest 這樣的樞紐能使你的家感知你的需求，並自動調整好一切。家中的電器設備最終可能消失不見，取而代之的是受單個樞紐

控制的諸多感測器和電子器件。」（資料來源：「羅西還是賈維斯：智慧家庭的前景仍懸而未決」，理查・尼艾瓦，2015 年 1 月 14 日，cnet.com，http://www.cnet.com/news/rosie-or-jarvisthe-future-of-the-smart-home-isstill-in-the-air/。）

變革 10：智慧城市

引爆點：出現第一座人口超過 5 萬、卻沒有交通號誌燈的城市
展望 2025：64% 的受訪者認為引爆點會在此之前出現

許多城市會將服務、公共設施以及道路連接網路。這些智慧城市將能夠對能源、物料流通、物流運輸及交通等領域進行管控。目前率先實踐這一理念的地區，如新加坡和巴賽隆納，已經開始實施許多數據驅動的新服務，例如智慧停車方案、智慧垃圾回收以及智慧照明等。智慧城市正不斷拓展其傳感技術網路，致力打造出能夠連接不同技術專案的核心資料庫平台，在此基礎上依靠數據分析和預測模型拓展出新的服務。

正面影響

- 資源利用率提高
- 生產效率提高
- 城市密度增大
- 生活品質提高
- 環保性提升
- 公眾可利用資源增加
- 服務成本下降
- 資源利用及現狀的透明度提高
- 犯罪率下降
- 流動性增強
- 分散化、環境友好的能源生產與消費模式
- 分散化商品生產方式
- 適應力增強（對於氣候變化的影響）
- 汙染減少（空氣與雜訊）
- 受教育機會增多
- 更迅速進入市場
- 擴大就業
- 更智慧的電子政務

負面影響

- 監管與隱私
- 能源系統崩潰可能導致的癱瘓（大規模停電）
- 更易受到網路攻擊

未知或利弊皆有

- 影響城市文化及氛圍
- 改變城市居民習慣

正在發生的變化

一篇刊登於《未來的網路》（*The Future Internet*）雜誌上的論文提到：

「位於西班牙北部的桑坦德市已經安裝 2 萬台感應裝置，將實體建築、基礎設施、交通運輸、通訊網路及公共資源緊密聯繫在一起。這座城市為新功能的探索與檢驗提供了實體場所，這些新功能包括了交互和管理協定、設備技術以及各項後勤服務（如發現、身分認證管理和保全）等。」（資料來源：「智慧城市與未來互聯網：致力於打造開放式創新的合作體系」，H. 斯查弗斯，N. 科

姆尼諾斯，M. 帕洛特，B. 特勞斯，M. 尼爾森與 A. 奧利維拉；「未來的網路」，J. 多明格等人，LNCS6656，2011 年，431~446 頁，參見 http://link.springer.com/chapter/10. 1007%2f978-3-642-20898-0_31。）

變革 11：運用大數據進行決策

引爆點：出現第一個用大數據資源替代人口普查的政府
展望 2025：83% 的受訪者認為引爆點會在此之前到來

　　當今的公共數據資源比以往任何時期都要多，而理解與管理這些數據的能力也在不斷提升。政府漸漸意識到，以往採集數據的方式已經過時，他們可以轉而依靠大數據技術實現當下業務的自動化，為公民和消費者提供與時俱進的創新型服務。大數據的運用能夠讓諸多行業及應用領域的決策過程變得更快、更好。自動化決策為公眾提供了便利性，讓政府和企業能夠提供全方位的即時服務和支援，從與顧客的互動到稅務的自動申報與繳納，無所不包。

　　利用大數據進行決策也是一把雙刃劍，既帶來了機遇，也潛伏著風險。因此建立對決策數據及演算法的信

任就非常重要。要解決公眾對隱私問題的擔憂，並在商業和法律框架內建立問責制度，就必須轉變思維，設立明確的條文，以防止「臉譜化」（profiling）解讀，防範意想不到的後果。用大數據取代目前的人工手段雖然會淘汰一些職業，但同時也會創造當前市場上所沒有的新型職業和新機遇。

正面影響

- 更快、更好的決策過程
- 更多即時決策
- 開放資料，促進革新
- 提供律師職位
- 方便公民參與，提升效率
- 節約成本
- 新職業出現

負面影響

- 失業
- 隱私問題
- 問責制度（由誰掌握決策演算法？）
- 信任（如何確信數據的準確性？）

- 決策演算法之爭

未知或利弊皆有

- 臉譜化
- 管理、商業及法律構架的改變

正在發生的變化

全世界所有企業的商業數據總量平均每 1.2 年就會翻倍。（資料來源：「大數據統計詳表」，Vincent · Granville，2014 年 10 月 21 日，參見 http: //www.bigdatanews.com/profiles/blogs/acomprehensive-list-of-big-data-statistics。）

「不論是美國愛荷華州，還是印度的農民都已經在運用從種子、衛星、感測器以及農用機械中得到的數據，更精準地決定種什麼、何時種、如何追蹤食物從農場到餐桌的新鮮度，以及如何應對氣候變化。」（資料來源：「數據有何了不起之處」，BSA 軟體聯盟，參見 http://data.bsa.org/）

「為了讓人們知道哪些餐廳的衛生未達標準，舊金山市與評論網站 Yelp 嘗試了一項合作，並大獲成功，也就

是將當地每家餐廳的衛生檢查數據都放在網站上的評價頁面上。當你點開一家餐廳的頁面，比如 Tacos EI Primo 飯店，上面就會顯示其衛生得分為 98 分（滿分 100 分）。Yelp 的評比具有相當大的影響力，已成為當地居民衡量餐桌食品安全的標竿，這次合作有望成為督促那些屢勸不聽的經營者改善衛生狀況的一種途徑。」（資料來源：http://www.citylab.com/city?xer/2015/04/3-citiesusing-opendata-in-creative-ways-to-solve-problems/391035/。）

變革 12：無人駕駛汽車

引爆點：行駛在美國道路上的汽車有 10% 為無人駕駛汽車
展望 2025：79% 的受訪者認為引爆點會在此之前出現

　　奧迪（Audi）和 Google 等大公司已經開始致力於無人駕駛汽車的開發試驗，而其他許多企業也正加大力度在開拓新的解決方案。無人駕駛汽車有望在效能和安全性上超越有人駕駛的普通汽車。此外，它們也可以緩解交通壓力，降低排放，並對現有的交通及物流模式產生顛覆性的影響。

正面影響

- 安全性提升
- 騰出更多時間專心工作或消費媒體內容
- 有益環境
- 緩解壓力和路怒症
- 為年長者以及身障人士提供更多交通選擇
- 採用電力驅動

負面影響

- 失業（計程車和卡車司機、汽車行業）
- 顛覆保險業和道路援救業務（人工駕駛花費更高）
- 違規罰款的收入減少
- 車輛保有率下降
- 汽車駕駛相關的法律架構
- 反對自動化的聲音（不被允許在高速公路上駕駛的人）
- 網路入侵／網路攻擊

正在發生的變化

2015 年 10 月，特斯拉通過軟體升級，使其過去一年

在美國賣出的汽車實現了半自動化。（資料來源：http://www.wired.com/2015/10/tesla-self-drivingover-air-update-live）

Google 計畫在 2020 年之前實現無人駕駛汽車的量產。（資料來源：Thomas Hallech，2015 年 1 月 14 日，「Google 稱無人駕駛汽車將於 2020 年問世」，《美國國際財經時報》（*International Business Times*），參見 http://www.ibtimes.com/google-inc-says-self-driving-car-will-beready-2020-1784150）

2015 年夏天，兩位駭客侵入一輛行駛中的汽車，操控了其儀錶板、方向盤及刹車等零件，而這一切都是通過這輛車的娛樂系統達成的。（資料來源：http://www.wired.com/2015/07/hackers-remotely-killjeep-highway/）

2012 年，內華達州成為美國第一個官方承認無人駕駛（自動駕駛）汽車合法的州。（資料來源：Alex Knapp，2011 年 6 月 22 日，「內華達州通過法令，承認無人駕駛汽車合法」，《富比士》，參見 http://www.forbes.com/sites/alexknapp/2011/06/22/nevadapasseslaw-authorizingdriverless-cars/）

變革 13：人工智慧與決策

引爆點：首台人工智慧機器加入公司董事會
展望 2025：45% 的受訪者認為引爆點會在此之前到來

　　除了駕駛汽車，人工智慧還能從以往的情境中獲取經驗，提供建議，自動完成一些複雜的決策過程，從而能夠基於數據資料和以往經驗更簡單快捷地制定出具體方案。

正面影響

- 理性的數據驅動決策、更少偏見
- 消除「非理性繁榮」
- 重組過時的官僚機構
- 就業增長與革新
- 能源自給
- 醫藥科學進步，疾病根除

負面影響

- 問責制度（負責人、信託權利、合法性）
- 失業
- 網路入侵／網路犯罪
- 責任、義務與治理
- 決策過程難以理解
- 使不平等加劇
- 「違反演算法原則」
- 人性化的根本性威脅

正在發生的變化

近來，一台名為 ConceptNet 4 的人工智慧語言系統通過了智力測試，其表現優於大多數 4 歲孩童。而三年前，它還無法與 1 歲孩童的水準相比。最新的報導顯示下一代設備有望達到 5 到 6 歲兒童的語言水準。（資料來源：「人工智慧系統的言語智商達到 4 歲兒童水準」，參見 http://citeseerx.ist.psu.edu/viewdoc/download?doi=10.1.1.386.6705&rep=rep1&type=pdf）

如果摩爾定律能夠繼續保持過去 30 年的發展速度，

那麼到了 2025 年，電腦的中央處理器將會具有和人類大腦一樣的資訊處理能力。深層知識公司（Deep Knowledge Ventures）是香港一家投資生命科學、癌症研究、年齡相關疾病以及再生醫藥的創投公司，他們任命了一個名為 VITAL（意為「推動生命科學的有效投資工具」）的人工智慧演算法機器人為其董事會的一員。（資料來源：〈電腦演算法被任命為董事會成員〉，BBC，參見 http://www.bbc.com/news/technology-27426942。）

變革 14：人工智慧與白領工作

引爆點：30% 的企業審計由人工智慧完成
展望 2025：75% 的受訪者認為引爆點將在此之前發生

　　人工智慧擅長模式匹配及自動化處理，因此，可擔任大型組織中許多工作。可以預見，人工智慧將在未來取代很多目前需要人工完成的工作。

　　牛津大學馬丁學院在一項研究[92]中調查了工作崗位被人工智慧及機器人取代（即電腦化）的可能性，並得出了一些發人深省的結論。根據他們的模型計算，自 2010 年之後的 10 到 20 年內，美國有 47% 的工作將極有

可能被電腦替代。

正面影響

- 降低成本
- 提高效率
- 為小型企業、初創企業提供創新機遇（降低市場進入壁壘；「軟體即服務」模式大規模應用）

負面影響

- 失業
- 問責與義務
- 法律、財務資訊披露風險加劇
- 工作自動化（參考牛津大學馬丁學院的研究報告）

正在發生的變化

《財星》雜誌報導的自動化新進展：「IBM 的人工智慧程式『華生』，因其在電視競賽節目「危險邊緣」中的精采表現而聲名大噪。他對肺癌的診斷率已經比人類更加準確（在同樣的競賽中以 90% 對 50% 勝出）。其祕訣就在於數據處理。一名醫生每週需要花 160 個小時才能跟上最新醫療數據，所以醫生不可能掌握所有的新進展

及臨床病例，而這些很可能有助於做出診斷。另外，不少外科醫生已經使用自動化系統協助其進行微創手術。」（資料來源：Erik Sherman，《財星》，2015 年 2 月 25 日，參見 http://fortune.com/2015/02/25/5-jobs-that-robots-already-are-taking/。）

變革 15：機器人與服務

引爆點：美國出現首位機器人藥劑師
展望 2025：86% 的受訪者認為引爆點會在此之前出現

　　機器人技術已經開始影響各行各業，從製造業到農業、零售業及服務業，無所不包。根據國際機器人聯合會提供的資料，全球工業機器人已達 110 萬台，而汽車製造過程中有 80% 的工作都由機器完成。[93] 機器人正在提高供應鏈效率，做出更為高效及可預測的商業成效。

正面影響

- 供應鏈及物流的簡化
- 更多的休閒時間
- 改善健康狀況（為醫藥研發提供大數據）

- 銀行的 ATM 為先行者
- 獲取更多材料
- 製造業「回流」（如用機器人取代海外代工）

負面影響

- 失業
- 責任與義務
- 日常社會規範的改變，「8 小時工作制」變為全天候服務
- 駭客及網路安全風險

正在發生的變化

CNBC.com 上一則來自《財政時報》（*The Fiscal Times*）的文章寫道：「Rethink 機器人公司於 2012 年秋天發布了機器人巴克斯特（Baxter），在製造業引發強烈的市場反響。這款機器人在 2013 年 4 月就被搶購一空。他們於 4 月發布了一個軟體平台，可使巴克斯特完成一系列更為複雜的任務，例如，拿起一個元件，將其放置在檢查站接受檢查，收到回饋信號後將其按照合格和不合格進行產品分類。Rethink 公司同時還發布了巴克斯特的軟體開發套件，允許協力廠商（如大學的機器人研究

中心）給巴克斯特開發新的應用程式。」（資料來源：「機器人的現實：接下來輪到服務業」，Blaire Briody，2013年3月26日，《財政時報》，參見 http://www.cnbc.com/id/100592545）

變革 16：比特幣和區塊鏈

引爆點：全球 GDP 總量的 10% 利用區塊鏈技術儲存
展望 2025：58% 的受訪者認為引爆點會在此之前出現

　　比特幣和數位貨幣都是基於「區塊鏈」技術產生的。「區塊鏈」是一種分散式信任機制，可以通過分散式方式追蹤可信的交易紀錄。目前，區塊鏈中的比特幣總價值在 200 億美元左右，達到了全世界 GDP 總量（80兆美元）的 0.025%。

正面影響

- 基於區塊鏈的金融服務贏得大量使用者，新興市場中的普惠金融（Financial Inclusion）隨之增多
- 隨著區塊鏈中直接產生新的服務和價值交換，金融機構將實現非仲介化

- 由於區塊鏈裡可進行任何種類的價值交換，可交易資產將呈現爆炸式增長
- 新興市場裡的資產紀錄更完善，並能使任何物質成為可進行交易的資產
- 合約、法律服務與區塊鏈代碼的關聯愈來愈緊密，將被用做牢不可破的加密方式或是程式設計的智慧合約
- 由於區塊鏈本質上是一個全球範圍的儲存所有交易資訊的分類帳戶，將使交易透明度提高

正在發生的變化

smartcontracts.com 可以提供一種程式控制合約。一旦滿足特定條件，合約將自動執行，為交易雙方進行清算，無須中間人介入。這些合約在區塊鏈中被確認為「自動生效合約狀態」加以保護，從而消除了依靠他人操作的風險，使其圓滿完成使命。

變革 17：共享經濟

引爆點：全球將有更多人選擇共乘代替自行開車出門
展望 2025：67% 的受訪者認為引爆點會在此之前出現

大家對於這一現象的共識通常是指技術的發展使實體（個人或組織）能夠共同分享某個實物商品或資產的使用權，或分享（提供）某種服務，這在以前是非常低效，甚至完全不可能實現的。這種商品或服務的共用通常可以通過網路市場、手機應用與定位服務，或其他技術驅動型平台來實現。這些行為可以減少交易成本和系統不相容，使所有參與者都獲得恰到好處的經濟利益。交通領域有很多知名的共享經濟實例，例如，Zipcar 公司提供一種比傳統汽車租賃公司更合理的方式，讓消費者能夠在更短的時間內共用汽車。RelayRides 則是提供了一個平台，供消費者查詢並借用他人的車使用一段時間。Uber 和 Lyft 則是通過聚合私家車，提供更高效的私人專車服務，類似於計程車，可通過手機預約和付款，利用定位系統獲取地理位置。此外，也可以隨叫隨到。

　　共享經濟有很多組成要素、特點和標誌，例如技術驅動、注重使用權而非所有權、點對點的對等、個人資產（非企業資產）共用、易於獲取、社交互動增強、協作消費、使用者回饋資訊公開共用（從而獲得更多信任）。然而，並不是每一筆「共享經濟」交易都存在上述各項特點。

正面影響

- 更易於獲得工具或其他有用的物質資源
- 更好的環境效應（減少資產需求，從而減少生產）
- 更多的個人服務
- 提高對現金流的依賴（同時降低「存錢購買」的儲蓄需求）
- 資產利用率提高
- 直接和公開的回饋系統降低信用缺失的可能性
- 創造了各種第二產業形式（Uber 司機可以運送貨物或食物）

負面影響

- 失業後的抗風險能力降低（由於儲蓄減少）
- 更多的短期／任務制勞務雇傭（相較於典型的長期穩定雇傭方式）
- 更難計量潛在的灰色經濟
- 更多的短期信用被濫用
- 資本系統中的投資資本減少

未知或利弊皆有

- 財產與資產所有權的變更
- 更多的訂購模式
- 儲蓄減少
- 「財富」和「富有」的定義模糊
- 「工作」的定義不明
- 難以計量潛在「灰色」經濟
- 稅制和監管模式的基礎從所有權／銷售收入轉變為使用量

正在發生的變化

某種特殊的所有權概念成為這項變革的基礎，下面的問題某種程度上反映了這一概念：

- 最大的零售商竟然沒有一家商店？（Amazon）
- 最大的住宿提供商竟然沒有一家酒店？（Airbnb）
- 最大的交通提供商竟然沒有一輛汽車？（Uber）

變革 18：政府和區塊鏈

引爆點：政府第一次通過區塊鏈徵收稅款
展望 2025：73% 的受訪者認為引爆點會在此之前出現

區塊鏈同時為各國帶來了機遇和挑戰。一方面，它未經規範，也不受任何中央銀行的監管，也就弱化了央行對貨幣政策的控制；另一方面，它能夠建立新的稅制，並將其納入區塊鏈自身的體系之中（比如小額交易稅）。

未知或利弊皆有

- 中央銀行和貨幣政策
- 貪腐
- 即時稅收
- 政府所扮演的角色

正在發生的變化

2015 年，首個虛擬王國比特國（Bitnation）成立，它運用基於區塊鏈的身分識別技術來儲存公民的身分資訊。與此同時，愛沙尼亞也成為第一個運用區塊鏈技術的實體政府。（資料來源：https://bitnation.co/;http://www.

pymnts.com/news/2014/estoniannational-id-cards-embrace-electronic-payment-capabilities/#.Vi9T564rJPM。）

變革 19：3D 列印與製造業

引爆點：第一輛 3D 列印汽車問世
展望 2025：84% 的受訪者認為引爆點會在此之前出現

　　3D 列印，又稱「增材製造」，是一種根據 3D 數位圖紙或模型逐層列印，從而創造出實物的技術。想像一下一片一片地製作出一條麵包就會更容易理解。3D 列印有望實現用簡易的設備來製造複雜的產品。[74] 許多材料之後都可能成為 3D 列印的原料，例如塑膠、鋁、不銹鋼、陶瓷，甚至是高性能合金等等，而 3D 印表機也可能完成原本需要集全工廠之力才能完成的任務。3D 列印技術目前已經得到廣泛應用，不管是在風力渦輪機製造上，還是玩具生產中，都能見到這項技術的身影。

　　假以時日，3D 列印技術將會突破速度、成本和規模的限制，更加普及。顧能諮詢公司公布的一份「技術成熟度曲線圖」（見圖 5-5）展示了各種 3D 列印應用技術所處的發展階段，以及它們對市場產生的影響，並描述

圖 5-5 3D 列印技術成熟度曲線圖

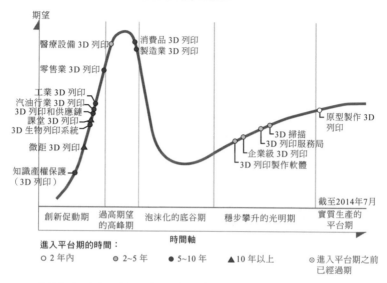

期望

醫療設備 3D 列印 ⊗
零售業 3D 列印 ⊗

消費品 3D 列印
製造業 3D 列印

工業 3D 列印 ●
汽油行業 3D 列印 ●
3D 列印和供應鏈 ●
課堂 3D 列印 ▲
3D 生物列印系統 ▲

微距 3D 列印 ▲

知識產權保護 ●
（3D 列印）

截至2014年7月

3D 掃描 ◉
3D 列印服務局
企業級 3D 列印 ◉
3D 列印製作軟體

原型製作 3D
列印 ○

創新促動期　過高期望的高峰期　泡沫化的底谷期　穩步攀升的光明期　實質生產的平台期

時間軸

進入平台期的時間：
○ 2 年內　◉ 2~5 年　● 5~10 年　▲ 10 年以上　⊗ 進入平台期之前已經過期

資料來源：顧能諮詢公司（2014 年 7 月）。

了這項技術在進入「持續發展的復甦期」後的多數商業
用途。[95]

正面影響

- 產品研發速度加快
- 從設計到製造的週期縮短
- 複雜精細零件製造更簡單（過去無法或難以製造）
- 產品設計師需求增加

- 教育機構利用 3D 列印技術促進學習和理解
- 生產與製造的自主化（兩者過去都為設計所限）
- 傳統的大規模生產尋求降低成本和最小運行規模的途徑，以應對挑戰
- 列印物件的公開原始程式碼的「模型」增多
- 列印原料供應產業的出現
- 航空領域創業機會的增加 [96]
- 交通需求減少有利於環境

負面影響

- 待處理垃圾增多，環境壓力增大
- 生產的零件在逐層處理過程中出現不均質的現象，比如各個方向上的強度存在差異，可能會影響功能
- 產業變革造成失業
- 做為生產力價值來源的智慧財產權處於首要位置
- 剽竊行為
- 品牌和產品品質

未知或利弊皆有

- 任何創新都有可能被迅速複製

正在發生的變化

《財星》雜誌最近報導了 3D 列印技術應用於製造業的一個案例:「奇異公司生產的 Leap 噴氣式發動機不僅是該公司的明星產品,還即將配置完全由 3D 列印技術製造的燃油噴嘴。

這種工藝就是大家所熟知的 3D 列印技術,要根據精準的數位模型將原料(這裡指合金材料)逐層堆積和建構起來。雖然奇異的新型 Leap 引擎仍處於測試階段,但增材製造的零件所具備的優勢已經在其他模型上顯現出來。」(資料來源:「奇異首批 3D 列印零件即將起飛」,AndrewZaleski,《財星》,2015 年 5 月 12 日,參見 http://fortune.com/2015/05/12/ge-3D-printed-jet-engine-parts/。)

變革 20:3D 列印與人類健康

引爆點: 進行首例 3D 列印肝臟的移植手術
展望 2025: 76% 的受訪者認為引爆點會在此之前出現

在未來,3D 印表機不僅能夠列印物品,還能夠製造

人體器官，而這一過程被稱為「生物列印」。器官與普通物品的列印過程大致相同，也是根據建好的 3D 數位模型逐層列印。[97] 但列印器官的原料顯然與列印自行車的材料不同，而相關實驗也需要有適用的材料方可進行，例如製造骨骼所需的鈦粉等等。3D 列印在滿足顧客的訂製化需求方面具有巨大潛力，而沒有什麼比人體更加需要訂製了。

正面影響

- 解決器官捐贈供體稀缺的問題（每天平均有 21 位患者因等不到稀缺的捐贈器官進行移植而失去生命）[98]
- 列印假體：用以替代四肢和其他人體部位
- 醫院為每一位需要手術的患者進行針對性列印（如夾板、石膏模、植入物、螺釘等）
- 個體化治療：3D 列印發展最快的領域莫過於患者有人體器官的個體化需求的醫療領域（如牙冠製造）
- 列印醫療設備中工藝較為複雜或原料價格高昂的零件，如轉換器（transducer）等 [99]
- 在當地醫院列印植牙、心律調節器以及骨折夾板

等醫療用品,而無須進口,從而降低經營成本

- 藥物檢測將發生根本性轉變,可以在移植列印器官的真實人體上進行
- 列印食物提高了食品的安全性

負面影響

- 人體部位、醫療設備以及食品的生產不受管控和監管
- 需要處理的廢棄物增多,環保壓力進一步加大
- 人體和器官的列印引發巨大的倫理爭議:誰能控制生產?誰來保證產出器官的品質?
- 漠視健康的扭曲心態:如果身體任何部位都能被替換,為何還要保持健康的生活方式?
- 食品列印技術對農業產生影響

正在發生的變化

《科技新時代》(*popular science*)雜誌報導了首例 3D 列印脊椎的移植手術:

「2014 年,北京大學第三醫院的醫生成功將世界上首個 3D 列印的人工椎體植入一位年輕患者體內,以替換

其頸椎的病變部位。該人工椎體係根據男孩體內原有的椎體建模列印而成，因此能夠更容易地嵌入其身體。」（資料來源：「男孩接受 3D 列印脊椎移植手術」，Loren Grush，《科技新時代》，2014 年 8 月 26 日，參見 http:// www.popsci.com/article/science/boy-given-3-dprinted- spine- implant。）

變革 21：3D 列印與消費品

引爆點：3D 列印的消費品占總量的 5%
展望 2025：81% 的受訪者認為引爆點會在此之前出現

　　只要擁有一台 3D 列印設備，任何人都能輕鬆進行 3D 列印。這一技術能使某些傳統消費品根據需求進行在地化列印，讓顧客不必特意前往商店購買。3D 印表機有望成為辦公室，甚至家庭中不可少的設備。這將進一步降低獲取消費品的成本，讓 3D 列印產品變得更為普及。當前 3D 列印技術的應用領域（參見圖 5-6）在消費品開發和生產上，呈現出幾個階段（概念證明、原型以及生產）。

正面影響

- 更多個性化產品和個人製造
- 列印小眾產品並通過銷售從中獲利
- 在顧客對產品有個體化訂製需求的領域，3D 列印技術發展最快，如特殊腳形需要特製的鞋
- 物流成本下降，帶來巨大的節能空間 101
- 有利於豐富本地活動；節省的物流成本可用於製造更加精緻的訂製產品（循環經濟）

圖5-6　3D列印技術在各領域的應用（百分數為占受訪人數的百分比＊）

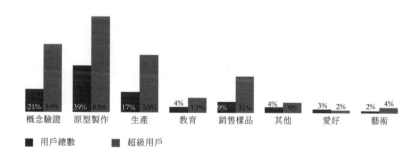

＊百分比資料代表在接受 Sculpteo 公司調查的受訪者中所占比例。
（資料來源：Sculpteo 公司，《3D 列印現狀》（千人調查），發布於 Quora 網站，作者為海德斯托姆，標題為「The State of 3D Printing...」）100

負面影響

- 全球和區域供應及物流鏈：需求下降造成失業
- 槍枝管理：列印技術可能遭到高度濫用，如製造槍枝等危險物品
- 需要處理的廢棄物增多，環保壓力進一步加大
- 生產管理、消費者條例、貿易壁壘、專利權、稅收和其他政府管制等方面將發生重大顛覆，且需付出極大精力應對

正在發生的變化

2014 年，全球 3D 印表機的出貨量達到 13.3 萬台，比 2013 年增長了 68%。其中大多數印表機的售價不超過 1 萬美元，該售價適用於實驗室、學校和小型製造公司，3D 列印材料和服務市場的規模正迅猛增長，總價值已達到了 33 億美元。[102]

變革 22：訂製人類 [103]

引爆點：第一個「基因編輯」嬰兒誕生

從 21 世紀初到現在，人類全基因組測序的成本幾乎下降了 6 個數量級。2003 年，「人類基因組計畫」花費 27 億美元完成了第一次全基因組測序。但 2009 年，每個基因組的測序費用就下降到 10 萬美元，而如今研究人員只需要花 1000 美元左右租用一個專用於此類研究的實驗室，就能完成基因組測序。近年來，隨著 CRISPR/Cas9 基因編輯技術的發展，在基因組編輯領域也出現了相似的趨勢。與之前的研究方法相比，這項技術更因其高效能、高效率及低成本而得以廣泛應用。

由此可見，真正的革命並不在於科學家們編輯動植物基因的能力取得突破，而在於新的基因組測序及編輯技術帶來更大的便利性，大大增加了有能力參與實驗的研究者人數。

正面影響

- 產能更高、更強健的作物以及更有效的作物培育技術帶來高收成
- 通過個體化醫療獲得更高效的治療
- 更快、更精準的微創醫學診斷
- 更深入理解人類對自然的影響
- 減少遺傳類疾病及相關病痛的發生

負面影響

- 編輯動植物基因組對人體與環境健康帶來風險
- 高成本的基因療法導致不平等現象加劇
- 社會對於基因編輯技術的反對
- 政府和企業對遺傳資料的濫用
- 國際社會對於基因編輯技術所引發的倫理問題爭論不休

未知或利弊皆有

- 延長壽命
- 陷入討論人類本質的倫理困境
- 文化轉型

正在發生的變化

2015 年 3 月，頂尖科學家在《自然》（*Nature*）雜誌上發表了一篇文章，呼籲暫停編輯人類胚胎基因，並強調「我們高度關注此項研究引發的道德及安全問題」。但僅僅一個月後，也就是 2015 年 4 月，由廣州中山大學的黃軍領導的科研小組就發表了世界首例修改人類胚胎 DNA 的論文。

變革 23：神經技術 [104]

引爆點：首次將完全人工製造的記憶植入人腦

　　不論是對集體，或是個人，在職場，或是私人生活中，更適切地理解大腦的運作原理都會對我們有所助益。回顧過去幾年，在全世界受資助最多的研究領域中，就有兩個屬於腦科學領域：一個是人類大腦工程（在過去 10 年中得到歐盟委員會共計 10 億歐元的科研基金資助）；另一個是美國總統歐巴馬發起的「推進創新神經技術腦研究計畫」。雖然這些研究主要集中在科學和醫學研究領域，但我們也目睹到神經技術在我們生活中的非醫學領域也得到快速發展（並產生一定影響）。神經技術包括監測大腦活動，觀察大腦與世界之間的互動和關聯。

　　例如，2015 年，攜帶方便、價格低廉（目前的價格甚至已經低於一台電子遊戲機）、能夠讀取腦波訊號的頭戴設備「神經頭盔」為我們帶來了無限的可能，它標誌著這場神經領域的變革演變為一次社會革新。[105]

正面影響

- 身障人士能夠「通過意識」操控義肢或輪椅

- 神經回饋技術可即時監測大腦活動，對於幫助人們戒癮、調整飲食習慣、提高學習和運動等方面的表現提供了無限可能
- 採集、處理、儲存和比較大量大腦活動相關數據成為可能，這讓醫生在診斷和治療腦神經紊亂和心理健康方面的問題時更加準確和有效
- 法律將能針對每個具體案件給出相應的裁決，刑事案件的責任認定方式也將由通用走向細分化
- 下一代電腦的設計將結合人腦科學，使其能像人腦的新皮質（大腦智力活動的中心）一樣進行推理、預測和反應

負面影響

- 過分倚重人腦產生偏見：對於人類來說，大腦並不是唯一重要的器官。同樣地，在法律、人力資源、消費者行為和教育等領域，也存在著完全依靠大腦資料進行決策而不顧實際情況的風險[106]
- 想法、夢境和欲望面臨被破譯的風險，隱私也可能會不復存在
- 面臨創造力或人情味漸漸淡化，甚至消逝的風險，這主要也是過度吹捧腦科學所帶來的後果

- 人類與機器的界限變得模糊

未知或利弊皆有

- 文化轉型
- 意識脫離人體，直接溝通
- 人腦能力提升
- 人類認知能力的拓展引發新的行為

正在發生的變化

- 腦皮質的演算法已經能夠通過現代驗證碼（簡稱 CAPTCHA，廣泛用來區分人類和電腦的測試）
- 自動化產業已經發明可監控人類注意力和意識的系統，可在司機睡著時自動停車
- 中國一項智慧電腦程式在智商測試中的得分高於許多成年人
- IBM 的「華生」超級電腦能夠從數百萬個病歷和資料庫中篩選資訊，開始幫助醫生為有複雜需求的患者選擇有效的治療方案
- 受人眼與人腦之間的資訊傳遞方式啟發而發明的神經型態圖像感測器，將為電池的使用和機器人等諸多領域帶來廣泛影響

- 神經假體技術能夠幫助身障人士控制人造器官和外骨骼，並讓一些盲人得以重見光明
- 美國國防部高級研究計畫局發起的「恢復主動記憶」專案是研究恢復和強化記憶的先驅
- 麻省理工學院的神經科學家們研究證實，老鼠的抑鬱症狀可通過人工啟動其愉快記憶而得到治癒（資料來源：Doraiswamy（2015 年），改變未來的 5 種大腦技術。世界經濟論壇議程，8 月 9 日，參見 https://agenda.weforum.org/2015/08/5-brain-technologies-future/。Fernandez（2015 年），「改革大腦機能增強和健康領域的 10 種神經技術」，銳腦公司，美國，11 月 10 日，參見 http://sharpbrains.com/blog/2015/11/10/10-neurotechnologies-about-totransform-brain-enhancement-and-brain-health/）

致 謝

做為推動公私合作的國際組織，世界經濟論壇的全體成員都深知自己所肩負的責任，致力於將自身打造成為一個全球性平台，與我們的合作夥伴、會員以及各方相關人士共同探討第四次工業革命所帶來的挑戰，並幫助所有利益關係者制定具有前瞻性和全面性的解決方案。

　　因此，在達沃斯—克洛斯特斯（Davos-Kloster）地區舉辦的 2016 年冬季達沃斯論壇年會的主題定為「掌控第四次工業革命」。我們圍繞這一主題，從當前的挑戰、專案及會議入手，促成有建設性的討論與合作夥伴關係。將於 2016 年 6 月，在天津舉辦的世界經濟論壇新領軍者年會，也會為來自研究、技術、商業、監管等領域的領導者及創新人士提供一個重要契機，讓大家匯聚一堂，深入探討如何最大限度地挖掘第四次工業革命的潛能，讓所有人獲益。我衷心地希望，本書能夠做為上述活動的「入門讀物」和指南，幫助領導者們了解如何應對第四次工業革命在政治、社會和經濟領域的影響以及引發這些影響的新技術。

　　本書得以完稿，離不開世界經濟論壇全體同仁的鼎力支持和參與。我在此向他們致以最誠摯的謝意。我尤其想要感謝 Nicholas Davis、Thierry Malleret 和 Mel Rogers 三位同事在調查研究和寫作過程中給我的幫助。

同時也要感謝為本書各章節編寫做出貢獻的同事和團隊，尤其是 Jennifer Blanke、Margareta Drzeniek-Hanouz、Silvia Magnoni 和 Saadia Zahidi（經濟與社會部分）；Jim Hagemann Snabe、Mark Spelman 和 Bruce Weinelt（商業與工業部分）；Dominic Waughray（環境部分）；Helena Leurent（政府部分）；Espen Barth Eide 和 Anja Kaspersen（地緣政治學和國際安全部分）以及 Olivier Oullier（神經技術部分）。

本書在編寫過程中匯聚了世界經濟論壇全體成員的非凡智慧與專業知識，在此我想感謝所有通過網路，或以面對面的方式與我分享見解的人，尤其要感謝「新興技術工作小組」的成員們：David Gleicher、Rigas Hadzilacos、Natalie Hatour、Fulvia Montresor 和 Olivier Woeffray，以及付出時間和精力鑽研相關問題的成員：Chidiogo Akunyili、Claudio Cocorocchia、Nico Daswani、Mehran Gul、Alejandra Guzman、Mike Hanley、Lee Howell、Philip Shetler-Jones、Jeremy Jurgens、Bernice Lee、Alan Marcus、Adrian Monck 和 Thomas Philbeck。

我還要深深感謝世界經濟論壇的所有成員，他們為我提供了看待第四次工業革命的思路。我尤其要感謝 Andrew McAfee 和 Erik Brynjolfsson，兩位的觀點為我

提供了一定程度的啟發，使我形成了對技術創新的影響及其巨大機遇和挑戰的認識。也要感謝 Dennis Snower 和 Stewart Wallis，他們強調必須對本次工業革命形成以價值為導向的認識，才能成功把握本次工業革命的機遇，服務於全球公眾利益。同時還要感謝 Marc Benioff、Katrine Bosley、Justine Cassell、Mariette DiChristina、Murali Doraiswamy、Nita Farahany、Zev Furst、Nik Gowing、Victor Halberstadt、胡厚崑、Lee Sang Yup、Alessio Lomuscio、馬雲、Ellen MacArthur、Peter Maurer、Bernard Meyerson、Andrew Maynard、William McDonough、James Moody、Andrew Moore、Michael Osborne、Fiona Paua Schwab、Feike Sijbesma、Vishal Sikka、Philip Sinclair、Hilary Sutcliffe、Nina Tandon、Farida Vis、Sir Mark Walport 和 Alex Wyatt，他們都為本書的編寫與我進行了郵件溝通或採訪。

世界經濟論壇的全球議程理事會網路以及「面向未來的共同體」高度參與了這個議題的研究，並為書中討論的各項議題提供了許多寶貴意見。我非常感謝全球議程理事會的「軟體與社會的未來」、「移民」以及「城市的未來」議題組，同時也感謝各位意見領袖在 2015 年於阿布達比舉辦的全球議程峰會上為這個議題提供了真知

灼見，還要感謝論壇的全球傑出青年組織、全球青年領袖團體和青年科學家團體的成員，尤其是通過論壇的虛擬協作與知識平台 TopLink 貢獻智慧的人們。最後還要特別感謝 Alejandro Reyes 為本書編輯、Scott David 為本書設計以及 Kamal Kimaoui 負責排版和出版工作。

為了能夠在 2016 年冬季達沃斯年會前成書，分散在世界各地的成員們無不傾力合作，在不到三個月的時間內完成了編寫。這真切地反映出第四次工業革命快節奏、充滿活力的大環境。最後，我謹向各位讀者表達深深的謝意，感謝大家與我攜于共進，持之以恆地致力於改善世界狀況。

注 釋

1. 商業和管理戰略研究界對「破壞」和「破壞式創新」兩個名詞進行了大量的探討，其中最近的文章是 Clayton M. Christensen, Michael E. Raynor, and Rory Mcdonald, *What is Disruptive Innovation?, Harvard Business Review*, December 2015。我尊重克里斯汀生教授及其同事對於定義的關切，本書中的這兩個詞採用的都是廣義。

2. Erik Brynjolfsson and Andrew Mcafee, *The SecondMachine Age: Work, Progress, and Prosperity in a Time of BrilliantTechnologies*, W.W. Norton & Company, 2014.

3. James Manyika and Michael Chui, "Digital Era Brings Hyperscale Challenges", *The Financial Times*, 13 August 2014.

4. 關於我說的這一點，設計師兼建築師奈麗‧奧斯曼（Ner Ioxman）舉了一個很有意思的例子。她的研究實驗室對電腦設計、增材製造、材料工程學和合成生物學均有涉獵。
https://www.ted.com/talks/neri_oxman_design_at_the_intersection_of_technology_and_biology

5. Carl Benedikt Frey and Michael Osborne, with Contributions from Citi Research, "Technology at Work – The Future of Innovation and Employment", Oxford Martin school and Citi, February 2015.
https://ir.citi.com/jowGiiw%2folrkda%2Bldi1U%2FYUEpWP9ifowg%2f4Hmeo9kYfZiN3seZwWEvPez7gYEZXmxsFM7eq1gc0%3D

6. David Isaiah, "Automotive grade graphene: the clock is

ticking", *Automotive World, 26* August 2015.
http://www.automotiveworld.com/analysis/automotive-gradegraphene-clock-ticking/

7. Sarah Laskow, "The Strongest, Most Expensive Material on Earth", *The Atlantic*.
    http://www.theatlantic.com/technology/archive/2014/09/thestrongest-most-expensive-material-on-earth/380601/

8. 了解更多的相關技術介紹，請參閱：Bernard Meyerson, "Top 10 Technologies of 2015", Meta-Council on Emerging Technologies, World Economic Forum, 4 March 2015。
    https://agenda.weforum.org/2015/03/top-10-emergingtechnologies-of-2015-2/

9. Tom Goodwin, "in the age of disintermediation the battle is all for the consumer interface", *TechCrunch*, March 2015.
    http://techcrunch.com/2015/03/03/in-the-age-of-disintermediation193 the-battle-is-all-for-the-customer-interface/

10. K.A. Wetterstrand, "DNA Sequencing Costs: Data from the NHGRI Genome Sequencing Program (GSP)", National Human Genome Research Institute, 2 October 2015.
    http://www.genome.gov/sequencingcosts/

11. Ariana Eunjung Cha, "Watson's Next Feat? Taking on Cancer", *The Washington Post*, 27 June 2015.
    http://www.washingtonpost.com/sf/national/2015/06/27/watsons-next-feat-taking-on-cancer/

注釋   233

12. Jacob G. Foster, Andrey Rzhetsky and James A. Evans, "Tradition and Innovation in Scientists' Research Strategies", *American Sociological Review*, October 2015 80: 875-908.
http://www.knowledgelab.org/docs/1302.6906.pdf

13. Mike Ramsay and Douglas Cacmillan, "Carnegie Mellon Reels After Uber Lures Away Researchers", *Wall Street Journal*, 31 May 2015.
http://www.wsj.com/articles/is-uber-a-friend-or-foe-ofcarnegie-mellon-in-robotics-1433084582

14. World Economic Forum, *Deep Shift – Technology Tipping Points and Societal Impact*, Survey Report, Global Agenda Council on the Future of Software and Society, September 2015.

15. 了解有關調查方法的詳細資訊,請參考上一條文獻中提及的報告的第 4 頁和第 39 頁。

16. UK Office of National Statistics, "Surviving to Age 100", 11 December 2013.
http://www.ons.gov.uk/ons/rel/lifetables/historic-andprojected-data-from-the-period-and-cohort-life-tables/2012-based/info-surviving-to-age-100.html

17. The Conference Board, *Productivity Brief 2015, 2015*.
根據世界大型企業聯合會的資料,1996 年到 2006 年間全球勞動生產率平均增速為 2.6%,2013 年和 2014 年為 2.1%。
https://www.conference-board.org/retrievefile.cfm?filename=The-Conference-Board-2015-Productivity-Brief.pdf&type

=subsite

18. United States Department of Labor, "Productivity change in the nonfarm business sector, 1947-2014", Bureau of Labor statistics.

http://www.bls.gov/lpc/prodybar.htm

19. United States Department of Labor, "Preliminary multifactor productivity trends, 2014", Bureau of Labor Statistics, 23 June 2015.

http://www.bls.gov/news.release/prod3.nr0.htm

20. OECD, "The Future of Productivity", July 2015.

http://www.oecd.org/eco/growth/The-future-of-productivity policy note July 2015.pdf

關於美國生產率減速的簡短討論，參見：John Fernald and Bing Wang, "The Recent Rise and Fall of Rapid Productivity Growth", Federal Reserve Bank of San Francisco, 9 February 2015.

http://www.frbsf.org/economic-research/publications/economic-letter/2015/february/economic-growth-informationtechnology-factor-productivity/

21. 經濟學家 Brad Delong 在以下文章中提出此觀點：J. Bradford Delong, "Making do With More", Project Syndicate, 26 February 2015.

http://www.project-syndicate.org/commentary/abundancewithout-living-standards-growth-by-j--bradford-delong-2015-02

22. John Maynard Keynes, "Economic Possibilities for our Grandchildren" in Essays in Persuasion, Harcourt Brace, 1931.

23. Carl Benedikt Frey and Michael Osborne, "The Future of Employment: How Susceptible Are Jobs to Computerisation?", Oxford Martin School, Programme on the Impacts of Future Technology, University of Oxford, 17 September 2013. http://www.oxfordmartin.ox.ac.uk/downloads/academic/The_future_of_employment.pdf

24. Shelley Podolny, "If an Algorithm Wrote This, How Would You Even Know?", *The New York Times*, 7 March 2015. http://www.nytimes.com/2015/03/08/opinion/sunday/if-analgorithm-wrote-this-how-would-you-even-know.html?_r=0

25. Martin Ford, *Rise of the Robots*, Basic Books, 2015.

26. Daniel Pink, *Free Agent Nation – The Future of Working for Yourself*, Grand Central Publishing, 2001.

27. 引自：Farhad Manjoo, "Uber's business model could change your work", *The New York Times*, 28 January 2015。

28. 引自：Sarah O'Connor, "The human cloud: A new world of work",*The Financial Times*, 8 October 2015。

29. Lynda Gratton, The Shift: *The Future of Work is Already Here*, Collins, 2011.

30. R. Buckminster Fuller and E.J. Applewhite, *Synergetics*: *Explorations in the Geometry of Thinking*, Macmillan, 1975.

31. Eric Knight, "The Art of Corporate Endurance", *Harvard*

Business Review, April 2, 2014.

https://hbr.org/2014/04/the-art-of-corporate-endurance

32. VentureBeat, "Whatsapp now has 700M users, sending 30B messages per day", January 6 2015.

http://venturebeat.com/2015/01/06/whatsapp-now-has-700musers-sending-30b-messages-per-day/

33. Mitek and Zogby Analytics, *Millennial Study 2014*, September 2014.

https://www.miteksystems.com/sites/default/files/documents/zogby_final_embargo_14_9_25.pdf

34. Gillian Wong, "Alibaba Tops Aingles' Day Sales Record Despite Slowing China Economy", *The Wall Street Journal*, 11 November 2015。

http://www.wsj.com/articles/alibaba-smashes-singles-daysales-record-1447234536

35. "The Mobile Economy: Sub-Saharan Africa 2014", GSM Association,2014.

http://www.gsmamobileeconomyafrica.com/GsMa_Me_Sub SaharanAfrica_Web_Singles.pdf

36. Tencent, "Announcement of results for the three and nine months ended 30 september 2015".

http://www.tencent.com/en-us/content/ir/an/2015/attachments/20151110.pdf

37. MIT,"The ups and downs of dynamic pricing", innovation

@work Blog, MIT Sloan Executive Education, 31 October 2014.

http://executive.mit.edu/blog/the-ups-and-downs-of-dynamicpricing#.VG4yA_nF-bU

38. Giles Turner, "Cybersecurity Index Beat S&P500 by 120%. Here's Why, in Charts", Money Beat, *The Wall Street Journal*, 9 September 2015.

http://blogs.wsj.com/moneybeat/2015/09/09/cybersecurityindex-beats-sp-500-by-120-heres-why-in-charts/

39. IBM, "Redefining Boundaries: Insights from the Global C-Suite Study," November 2015.

http://www-935.ibm.com/services/c-suite/study/

40. Global e-Sustainability Initiative and The Boston Consulting Group, Inc, "GeSI SMARTer 2020: The Role of ICT in Driving a Sustainable Future", December 2012.

http://gesi.org/sMarTer2020

41. Moisés Naím, *The End of Power: From Boardrooms to Battlefields and Churches to States, Why Being in Charge Isn't What It Used to Be*, Basic Books, 2013.
本書將傳統權力的終結歸結為三次革命:「多多益善」革命、移動革命及思想革命。書中謹慎地未將資訊技術放在支配地位,但毋庸置疑的是這三場革命均要歸功於數位化時代以及新技術的傳播。

42. 該觀點起源並發展於:"The Middle Kingdom Galapagos

Island Syndrome: The Cul-De-Sac of Chinese Technology Standards", Information Technology and Innovation Foundation (iTif), 15 December 2014。

http://www.itif.org/publications/2014/12/15/middle-kingdom galapagos-island-syndrome-cul-de-sac-chinese-technology

43. "Innovation Union Scoreboard 2015", European Commission, 2015.

http://ec.europa.eu/growth/industry/innovation/facts-figures/ scoreboards/files/ius-2015_en.pdf

歐盟創新型聯盟記分牌的評價體系主要分為三類指標、8 個革新方向以及 25 個二級指標。公司外部的主要革新驅動力覆蓋了以下三個方向：人力資源；開放、優秀、有吸引力的研究系統；以及金融和營運支持。企業行為的革新被分為：企業投資方式、關聯模式和企業家精神，以及智慧財產權。創新產出覆蓋了以下兩個方向的企業革新活動：創新者數量及經濟影響。

44. World Economic Forum, *Collaborative Innovation –Transforming Business, Driving Growth*, August 2015.

http://www3.weforum.org/docs/Wef_Collaborative_innovation_ report_2015.pdf

45. World Economic Forum, *Global Information TechnologyReport 2015: ICTs for Inclusive Growth*, Soumitra Dutta, Thierry Geiger and Bruno lanvin, eds., 2015.

46. World Economic Forum, *Data-Driven Development: Pathways*

for Progress, January 2015.

http://www3.weforum.org/docs/WEFUSA_DataDrivenDevelo pment_report2015.pdf

47. Tom Saunders and Peter Baeck, "Rethinking Smart Cities From The Ground Up", Nesta, June 2015.

https://www.nesta.org.uk/sites/default/ files/rethinking_smart_c ities_from_the_ground_up_2015.pdf

48. Carolina Moreno," Medellin, Colombia Named 'Innovative City of The Year' In WSJ and Citi Global Competition", *Huffington Post*, 2 March 2013.

http://www.huffingtonpost.com/2013/03/02/medellin-namedinnovative-city-of-the-year_n_2794425.html

49. World Economic Forum, *Top Ten Urban Innovations*, Global Agenda Council on the Future of Cities, World Economic Forum, October 2015.

http://www3.weforum.org/docs/Top_10_emerging_Urban_ Innovations_report_2010_20.10.pdf

50. Alex Leveringhaus and Gilles Giacca, "Robo-Wars – The Regulation of Robotic Weapons", The Oxford Institute for Ethics, Law and Armed Conflict, The Oxford Martin Programme on Human Rights for Future Generations, and The Oxford Martin School, 2014.

http://www.oxfordmartin.ox.ac.uk/downloads/briefings/robo-Wars.pdf

51. James Giordano quoted in Tom Requarth, "This is Your Brain. This is Your Brain as a Weapon", *Foreign Policy*, 14 September 2015.
http://foreignpolicy.com/2015/09/14/this-is-your-brain-this-isyour-brain-as-a-weapon-darpa-dual-use-neuroscience/

52. Manuel Castells, "The impact of the Internet on Society: a Global Perspective", *MIT Technology Review*, 8 September 2014.
http://www.technologyreview.com/view/530566/the-impact-of201 the-internet-on-society-a-global-perspective/

53. Credit Suisse, *Global Wealth Report 2015*, October 2015.
http://publications.credit-suisse.com/tasks/render/file/index.cfm?fileid=F2425415-DCA7-80B8-EAD989AF9341D47e

54. OECD, "Divided We Stand: Why Inequality Keeps Rising", 2011.
http://www.oecd.org/els/soc/49499779.pdf

55. Frederick Solt, "The Standardized World Income Inequality Database," Working paper, SWIID, Version 5.0, October 2014.
http://myweb.uiowa.edu/fsolt/swiid/swiid.html

56. Richard Wilkinson and Kate Pickett, *The Spirit Level: Why Greater Equality Makes Societies Stronger*, Bloomsbury Press, 2009.

57. Sean F. Reardon and Kendra Bischoff, "More unequal and more separate: Growth in the residential segregation of families by income, 1970-2009", US 2010 Project, 2011.

http://www.s4.brown.edu/us2010/Projects/reports.htm

http://cepa.stanford.edu/content/more-unequal-and-morese
parate-growth-residential-segregation-families-income-1970-
2009

58. Eleanor Goldberg, "Facebook, Google are Saving Refugees and Migrants from Traffickers", *Huffington Post*, 10 September 2015.202

http://www.huffingtonpost.com/entry/Facebook-google-mapsref
ugeesmigrants_55f1aca8e4b03784e2783ea4

59. Robert M. Bond, Christopher J. Fariss, Jason J. Jones, Adam D. I. Kramer, Cameron Marlow, Jaime E. Settle, and James H. Fowler, "A 61-million-person experiment in social influence and political mobilization", *Nature,* 2 September 2012 (online). http://www.nature.com/nature/journal/v489/n7415/full/nature11421.html

60. Stephen Hawking, Stuart Russell, Max Tegmark, Frank Wilczek, "Stephen Hawking: 'Transcendence looks at the implications of artificial intelligence – but are we taking AI seriously enough?", *The Independent*, 2 May 2014.

http://www.independent.co.uk/news/science/stephen-hawkingtranscendence-looks-at-the-implications-of-artificial-intelligencebut-are-we-taking-9313474.html

61. Greg Brockman, Ilya Sutskever & the OpenAI Team, "Introducing openAI", 11 December 2015.

62. Steven Levy, "How Elon Musk and Y Combinator Plan to Stop Computers from Taking Over", 11 December 2015.
    https://medium.com/backchannel/how-elon-musk-andy-combinator-plan-to-stop-computers-from-taking-over-17e0e27dd02a#.qjj55npcj

63. Sara Konrath, Edward O'Brien, and Courtney Hsing. "Changes in dispositional empathy in American college students over time: A meta-analysis."*Personality and Social Psychology Review* (2010).

64. 出自：Simon Kuper, "Log out, switch off, join in", *FT Magazine*, 2 October 2015。
    http://www.ft.com/intl/cms/s/0/fc76fce2-67b3-11e5-97d0-1456a776a4f5.html

65. Sherry Turkle, *Reclaiming Conversation: The Power of Talk in a Digital Age*, Penguin, 2015.

66. Nicholas Carr, *The Shallows: How the Internet is changing the way we think, read and remember*, Atlantic Books, 2010.

67. Pico Iyer, *The Art of Stillness: Adventures in Going Nowhere*, Simon and Schuster, 2014.

68. 出自：Elizabeth Segran, "The ethical Quandaries You Should Think About the Next Time You Look at Your Phone", *Fast Company*, 5 October 2015。
    http://www.fastcompany.com/3051786/most-creative-people/

the-ethical-quandaries-you-should-think-about-the-next-time-youlook-at

69. 「情境感知智慧」（contextual intelligence）一詞由尼汀‧諾瑞亞（Nihtin Nohria）創造，那是在他就任哈佛大學商學院院長之前的幾年。

70. Klaus Schwab, *Moderne Unternehmensführung im Maschinenbau (Modern Enterprise Management in Mechanical Engineering)*, VDMA, 1971.

71. 出自：Peter Snow, *The Human Psyche in Love, War & Enlightenment*, Boolarong Press, 2010。

72. Daniel Goleman, "What Makes A Leader?", *Harvard Business Review*, January 2004.
https://hbr.org/2004/01/what-makes-a-leader

73. Rainer Maria Rilke, *Letters to a Young Poet*, Insel Verlag, 1929.

74. Voltaire wrote in French: *"Le doute n'est pas une condition agréable, mais la certitude est absurde."*"on the soul and God", letter to Frederick William, Prince of Prussia, 28 November 1770, in S.G. Tallentyre, trans., *Voltaire in His Letters: Being a Selection from His Correspondence*, G.P. Putnam's sons, 1919.

75. Martin Nowak with Roger Highfield, *Super Cooperators: Altruism, Evolution, and Why We Need Each Other to Succeed*, free Press, 2012.

76. World Economic Forum, *Deep Shift – Technology Tipping*

Points and Societal Impact, Survey Report, Global Agenda Council on the Future of Software and Society, November 2015.

77. 借鑒評價網站 Yelp 的思路，人們可以在網站上對他人直接進行評價。這些評價可通過其中嵌入的晶片記錄下來或進行線上分享。

78. 回聲室效應，意為人們不經思考便無可置疑地同意他人意見或重複他人言論。

79. Internet live stats, "Internet users in the world".
http://www.internetlivestats.com/internet-users/
http://www.worldometers.info/world-population/

80. 「Gartner Says Worldwide Traditional PC, Tablet, Ultramobile and Mobile Phone Shipments to Grow 4.2 Percent in 2014」, Gartner, 7 July 2014.
http://www.gartner.com/newsroom/id/2791017

81. "Number of smartphones sold to end users worldwide from 2007 to 2014 (in million units)", statista, 2015.
http://www.statista.com/statistics/263437/globalsmartphonesales-to-endusers-since-2007/

82. Lev Grossman, "Inside Facebook's Plan to Wire the World," *Time*, 15 December 2014.
http://time.com/facebook-world-plan/

83. "One Year In: Internet.org Free Basic Services,"
Facebook Newsroom, 26 July 2015.
http://newsroom.fb.com/news/2015/07/one-year-in-internetorg-

free-basic-services/

84. Udi Manber and Peter Norvig, "The power of the Apollo missions in a single Google search", Google Inside Search, 28 august 2012.

    http://insidesearch.blogspot.com/2012/08/the-power-of-apollomissions-in-single.html

85. Satish Meena,"Forrester research World Mobile and Smartphone Adoption Forecast, 2014 To 2019 (Global),"Forrester Research, 8 August 2014.

    https://www.forrester.com/Forrester+Research+World+Mobile+And+Smartphone+Adoption+For ecas t+2014+To+2019+Global/fulltext /-/E-RES118252

86. GSMA, "New GSMA Report Forecasts Half a Billion Mobile Subscribers in Sub-Saharan Africa by 2020", 6 November 2014.

    http://www.gsma.com/newsroom/press-release/gsma-reportforecasts-half-a-billion-mobile-subscribers-ssa-2020/

87 "Processing Power Compared: Visualizing a 1 trillion-fold increase in computing performance", Experts Exchange.

    http://pages.experts-exchange.com/processing-powercompared/

88. "A history of storage costs", mkomo.com, 8 September 2009.

    http://www.mkomo.com/cost-per-gigabyte
    根據網站聲明,引用資料來源於「有關硬碟儲存空間成本的史料筆記」一文(http://ns1758.ca/winch/winchest.html)。
    2004 年到 2009 年間資料通過互聯網檔案館的歷史資訊查詢

工具獲得（http://archive.org/web/web.php）。

89. Elana Rot, "How Much Data Will You Have in 3 Years?",
    Sisense, 29 July 2015.

    http://www.sisense.com/blog/much-data-will-3-years/

90. 摩爾定律通常認為，處理器的速度，或是一個中央處理器
    的電晶體總數每兩年會增長一倍。

91. Kevin Mayer, Keith Ellis and Ken Taylor, "Cattle Health
    Monitoring Using Wireless Sensor Networks", Proceedings of
    the Communication and Computer Networks Conference,
    Cambridge, MA, USA, 2004.

    http://www.academia.edu/781755/Cattle_health_monitoring_
    using_wireless_sensor_networks

92. Carl Benedikt Frey and Michael A. Osborne, "The Future of
    Employment: How Susceptible Are Jobs to Computerisation?",
    17 September 2013.

    http://www.oxfordmartin.ox.ac.uk/downloads/academic/The_
    future_of_employment.pdf

93. Will Knight，"This Robot Could Transform Manufacturing,"
    MIT Technology Review, 18 September 2012.

    http://www.technologyreview.com/news/429248/thisrobotcould-
    transform-manufacturing/

94. 參見：http://www.stratasys.com/。

95. Dan Worth, "Business use of 3D printing is years ahead of
    consumer uptake", V3.co.uk, 19 August 2014.

http://www.v3.co.uk/v3-uk/news/2361036/business-use-of-3Dprinting-is-years-ahead-of-consumer-uptake

96. "The 3D Printing Startup Ecosystem", SlideShare.net, 31 July 2014.

http://de.slideshare.net/spontaneousorder/3D-printing-startupecosystem

97. Alban Leandri, "A Look at Metal 3D Printing and the Medical Implants Industry", 3DPrint.com, 20 March 2015.

http://3Dprint.com/52354/3D-print-medical-implants/

98. "The Need is Real: Data", US Department of Health and Human Services, organdonor.gov.

http://www.organdonor.gov/about/data.html

99. "An image of the future", *The Economist*, 19 May 2011.

http://www.economist.com/node/18710080

100. Jessica Hedstrom, "The State of 3D Printing", 23 May 2015.

http://jesshedstrom.quora.com/The-state-of-3D-Printing

101. Maurizio Bellemo, "The Third Industrial Revolution: From Bits Back to Atoms", CrazyMBA.Club, 25 January 2015.

http://www.crazymba.club/the-third-industrial-revolution/

102. T.E. Halterman, "3D Printing Market Tops $3.3 Billion, Expands by 34% in 2014", 3DPrint.com, 2 April 2015.

http://3dprint.com/55422/3d-printing-market-tops-3-3-billionexpands-by-34-in-2014/

103. 注：這一引爆點不屬於調查報告原文內容（Deep Shift–

Technology Tipping Points and Societal Impact, Survey Report, World Economic Forum, September 2015）。

104. Ibid.

105. Fernandez A, Sriraman N, Gurewitz B, Oullier O (2015). Pervasive neurotechnology: A groundbreaking analysis of 10,000+patent filings transforming medicine, health, entertainment and business. SharpBrains, USA (206 p.). http://sharpbrains.com/pervasive-neurotechnology/

106. Oullier O (2012). Clear up this fuzzy thinking on brain scans. *Nature*, 483(7387), p.7,doi: 10.1038/483007a. http://www.nature.com/news/clear-up-this-fuzzy-thinking-onbrain-scans-1.10127__

閱讀筆記

閱讀筆記

閱讀筆記

財經企管 BCB619

第四次工業革命
The fourth industrial revolution

國家圖書館出版品預行編目 (CIP) 資料

第四次工業革命 / 克勞斯‧施瓦布 (Klaus Schwab) 著；世界經濟論壇北京代表處譯 . -- 第一版 . -- 臺北市：遠見天下文化，2017.07
面；　公分 . -- (財經企管；BCB619)
譯自：The fourth industrial revolution
ISBN 978-986-479-268-9(平裝)
1. 工業革命　2. 技術發展　3. 社會變遷
555.29　　　　　　　　　　106011659

作　　者 ── 克勞斯‧施瓦布（Klaus Schwab）
譯　　者 ── 世界經濟論壇北京代表處
總 編 輯 ── 吳佩穎
責任編輯 ── 黃安妮
封面暨內頁設計 ── 葉馥儀

出版者 ── 遠見天下文化出版股份有限公司
創辦人 ── 高希均、王力行
遠見‧天下文化‧事業群　董事長 ── 高希均
事業群發行人／ CEO ── 王力行
天下文化社長 ── 林天來
天下文化總經理 ── 林芳燕
國際事務開發部兼版權中心總監 ── 潘欣
法律顧問 ── 理律法律事務所陳長文律師
著作權顧問 ── 魏啟翔律師
社址 ── 台北市 104 松江路 93 巷 1 號 2 樓

讀者服務專線 ──（02）2662-0012
傳　　真 ──（02）2662-0007；2662-0009
電子信箱 ── cwpc@cwgv.com.tw
直接郵撥帳號 ── 1326703-6 號　遠見天下文化出版股份有限公司

電腦排版／製版廠 ── 中原造像股份有限公司
印刷廠 ── 中原造像股份有限公司
裝訂廠 ── 中原造像股份有限公司
登記證 ── 局版台業字第 2517 號
總經銷 ── 大和書報圖書股份有限公司　電話／（02）8990-2588
出版日期 ── 2020 年 11 月 20 日第一版第 7 次印行

定價 ── NT$350
ISBN ── 978-986-479-268-9
書號 ── BCB619
天下文化官網 ── bookzone.cwgv.com.tw